하나님은
우리를 어떻게
인도하시는가

INVEST YOUR FUTURE
by Paul Mallard

Copyright ⓒ 2022 Paul Mallard
This translation of *Invest Your Future* first published in 2022
is published by arrangement with Inter-Varsity Press, London, England, UK.
License arranged through rMaeng2, Seoul, Republic of Korea.
All rights reserved.

This Korean edition copyright ⓒ 2024 by Word of Life Press, Seoul, Republic of Korea.

이 한국어판의 저작권은 알맹2를 통하여 Inter-Varsity Press와 독점 계약한 생명의말씀사에 있습니다.
신저작권법에 의하여 한국 내에서 보호받는 저작물이므로 무단 전재와 무단 복제를 금합니다.

하나님은
우리를 어떻게
인도하시는가

ⓒ 생명의말씀사 2024

2024년 2월 27일 1판 1쇄 발행

펴낸이 | 김창영
펴낸곳 | 생명의말씀사

등록 | 1962. 1. 10. No.300-1962-1
주소 | 서울시 종로구 경희궁1길 6 (03176)
전화 | 02)738-6555(본사) · 02)3159-7979(영업)
팩스 | 02)739-3824(본사) · 080-022-8585(영업)

기획편집 | 정설아
디자인 | 박소정
인쇄 | 영진문원
제본 | 보경문화사

ISBN 978-89-04-16869-9 (03230)

저작권자의 허락 없이 이 책의 일부 또는 전체를
무단 복제, 전재, 발췌하면 저작권법에 의해 처벌을 받습니다.

하나님은
우리를 어떻게
인도하시는가

폴 말라드 지음
이여진 옮김

생명의말씀사

브루스와 앨리슨, 클로버와 멜리사에게.
40년 사역 내내 함께한 교제에 감사드립니다.
주님은 선하시며 그분의 자비는 영원합니다.

contents

시작하는 글 네 길을 지도하시리라 / 9

01 인도하심에 대한 오해 / 17
보스턴에 발이 묶이다 | 결정하지 않기로 결정하기 | 더 나은 길 | 더 있는가?

Part 1 인도하심의 원리 이해하기 / 36

02 하나님께 귀 기울이기 / 45
위험: 취급 주의 | 성경이 말하는 것이 하나님이 말씀하시는 것이다 | 하나님께 귀 기울이기

03 성령님께 이끌려 / 67
하나님이 개입하실 때 | 성령님에 대해 알기 | 성령님과 말씀 | 성화된 이성

04 하나님께 아뢰기 / 87
다정한 초대 | 예수님께 배우기 | 무엇을 구하는 기도를 해야 하는가? | 바울의 말로 기도하기 | 인도하심을 구하는 기도는 어떻게 하는가?

05 지혜 찾기 / 105
그레이엄 박사님, 고마워요 | 정말로 하나님이 일상생활에 관심이 있으신가? | 지혜는 누구를 위해 존재하는가? | 지혜는 어디에서 나오는가? | 잠언 읽기 | 마지막 한마디

06 이렇게 하면 어떨까? / 125
그 일은 아침 먹을 때 시작되었다

07 종합하기 / 145

Part 2 인도하심의 원리 적용하기 / 158

08 영적 정착지 찾기_ 교회 / 165
교회에 대한 하나님의 시선 | 교회는 무엇이며, 내가 교회에 소속되어야 하는 이유는 무엇인가? | 어느 교회가 등록하기에 적합한지 어떻게 아는가? | 어느 한 교회를 떠나는 것이 옳지 않은 경우 | 어느 한 교회를 떠나는 것이 옳은 경우

09 일하라, 쉬라, 놀라_ 직장 / 183
딱 그 일자리 | 성경은 일에 대해 무엇을 가르치는가? | 일하는 동기 | 일자리 선택하기

10 부부의 연을 맺을 것인가, 말 것인가?_ 결혼 / 205
질문, 질문, 또 질문 | 결혼, 성관계, 독신 | 나는 결혼해야 하나? | 이 사람이 적합한 배우자인가?

Part 3 인도하심의 원리를 넘어서 / 224

11 우리의 인도자를 알기 / 231
식인종에게 간 선교사 | 중심 주제 | 훌륭한 야심 | 나아가는 중

12 우리의 인도자를 신뢰하기 / 245
가장 위대한 세대 | 하나님은 나의 힘, 결코 실패하시지 않는다 | 하나님은 나의 도우심, 결코 주무시지 않는다 | 하나님은 나의 그늘, 결코 떠나시지 않는다 | 하나님은 나의 구원자, 결코 중단하시지 않는다

맺는 글 이 거친 땅의 순례자 / 263
주 / 267

Invest
Your
Future

시작하는 글

네 길을 지도하시리라

주님을 신뢰하라

렌 모스(Len Moss)는 1921년 9월 24일에 태어났다.

내가 이 책을 쓰고 있을 당시에 렌은 100세 생일을 맞이했다.

렌은 교회에 출석할 수는 없었지만, 우리가 아침 예배 때 상영할 동영상을 하나 찍었다.

증손주들 소리가 배경으로 들리는 가운데 렌은 평생에 하나님이 베푸신 선하심과 신실하심에 감사했다. 렌은 80년 가까이 구주와 동행했으며 우리가 함께 즐거워하기를 바랐다.

렌은 카메라를 바라보며 확신에 찬 또렷한 음성으로 인생을 하나님께 맡기라고 우리에게 권면하면서 이렇게 말했다. "주님이 나를 위해 하신 일을 찬양하고 싶어요. 주님은 크시니 크게 찬송 받으실 분이지요. 주님을 신뢰하는 것이 좋습니다."

렌은 솔로몬의 지혜로운 말이자 사랑을 많이 받는 말씀을 인용하며 동영상을 마무리했다.

> 너는 마음을 다하여 여호와를 신뢰하고 네 명철을 의지하지 말라 너는 범사에 그를 인정하라 그리하면 네 길을 지도하시리라(잠 3:5-6).

렌은 한 세기에 걸쳐 겪은 일을 되돌아보면서 인도하심의 놀라운 비밀을 알게 되었다. 하나님은 인도하겠다고 약속하셨고, 우리는 그 인도를 따르도록 부름을 받았다는 것이다.

잠언 3장 5-6절은 하나님을 인도자로 삼아 확실히 믿으며 겸손하게 동행하라고 권유한다. 하나님을 신뢰한다는 말은, 무엇이 가장 좋은지 하나님이 아신다는 것을 우리가 믿기 때문에 그분 명령에 순종한다는 뜻이다. 그 길이 험하더라도, 하나님이 침묵하시는 것처럼 보이더라도 그분이 지도하시기를 기다리는 것이 우리에게 도움이 되기 마련이다. 갈 길이 분명해 보인다면 망설이지 않고 믿음의 발걸음을 내디딘다는 뜻이다. 성경이 지시하는 방향으로 가고 싶지 않을 때 성경을 왜곡하려고 들지 않는다는 뜻이다. 하나님이 자기 아들을 아끼지 아니하시고 우리 모든 사람을 위해 내주셨다면, 그 아들과 함께 모든 것도 우리에게 주시리라 믿는다는 뜻이다(롬 8:32). "하나님이 하실 위대한 일을 기대하라. 하나님을 위해 위대한 일을 시도하라."[1] 이것이 자신의 신조였던 윌리엄 캐리(William Carey)처럼, 우리는 이 여정을 자신 있어 하리라.

렌도 이 말에 동의할 것이다.*

그 길 찾기

나는 1982년에 목회 사역을 시작했다.

목회 초반부터 매주 상담을 진행했다. 사람들에게, 와서 질문하고 조언을 구할 기회를 제공한 것이다. 굉장히 흥미진진한 경험이었다. 나는 35년 동안, 1주일에 서너 시간, 1년에 45주 동안 상담을 계속 진행했다.

사람들은 각양각색의 질문을 했다. 이해하기 힘든 교리 때문에 고민하는 사람이 있는가 하면, 제자다움 때문에 고심하는 사람도 있었다. 다들 자신의 두려움, 소망, 싸움, 무거운 짐을 털어놓았다. 어떤 사람에게는 그저 어깨를 끌어안고 격려의 말 한마디 건네주는 것이 필요하기도 했다.

뒤돌아보면, 가장 눈에 띄는 주제는 하나님의 뜻을 알고 싶다는 것이었다. 이 요청은 다양한 상황에서 다양한 형태로 나타났다. 하나님의 뜻을 아는 것이 어떤 이들에게는 냉철하고 거의 이론적인 질문이었던 반면, 어떤 이들에게는 인생을 변화시키는 결과를 낳기 위해 절실히 필요한 것이었다. 그렇지만 어느 경우든 사람들은 하나님의 뜻을 알고 그분을 기쁘시게 하기를 간절히 바랐다.

---

* 이 책 뒷부분에서 솔로몬의 말을 다시 다룰 것이다.

사람들은 인도하심이라는 주제에 무척이나 마음이 끌린다. 나는 이 주제를 다루는 책을 35권 이상 찾아냈다. ("그런 책을 왜 하나 더 씁니까?" 하는 질문이 나오는 것이 당연하다!)

이 책을 쓰는 이유

그러면 인도하심에 관한 책을 왜 쓰는가?

첫째는 이 주제가 그리스도인들의 마음을 사로잡으며, 그리스도인들은 하나님의 뜻을 몹시도 알고 싶어 하기 때문이다. 인생에는 선택이 가득하다. 대부분의 선택은 그다지 중요하지 않지만, 일부는 중대한 결과를 낳는다. 그렇지만 하나님을 기쁘시게 하는 것보다 더 중요한 일은 없다. 하나님을 기쁘시게 하는 것이 가장 고귀한 원동력이다. 하나님의 뜻에 따라 살아가고자 한다면, 하나님이 베푸시는 복을 누리리라 기대할 수 있다. 앞으로 살펴보겠지만, 하나님의 뜻에 따라 살아가면 반드시 편하게 살아간다는 보장은 없지만, 하나님이 우리를 향해 미소 지으시고 은혜를 베푸시리라는 약속은 분명히 있다. 인생은 복잡다단하다. 우리는 인생을 제대로 파악하고 싶다. 이것이 우리의 일상에서 지극히 중요한 측면이다.

둘째는 두려움 때문이다. 만일 내가 삶을 잘못 이해한다면? 불안감을 주는 통념이 하나 있는데, 내가 왠지 모르지만 신호를 잘못 읽어서 하나님의 계획을 파악하지 못한다면 결국은 아무것도 하지 못하고 끝날 수도 있다는 것이다. 그러면 하나님이 주신 가능성을 내가 결코 성취하지 못하리라는 생각이 든다. 여기에서 비롯된 불안 때문에 어떤 이들은 마비 상태일 수 있다. 결정을 잘못 내릴까 두려워서 결정을 아예 내리지 않는 상태가 되는 것이다. 사실상, 결정하지 않기로 결정하는 것이다. 하나님께는 내 인생을 위한 완벽한 계획이 있는데, 내가 그것을 놓친다면 어떻게 되는가?

이 주제와 씨름하는 세 번째 이유는, 인도하심을 둘러싸고서 흔히 일어나는 혼동 때문이다. 우리는 하나님이 인도하심을 쉽게 알려 주지 않으신다는 이유로 하나님께 화를 낸다. 우리는 인도하심을 어떻게 알아내는가? 인도하심은 성경과 우리의 지성을 이용하는 것과 관계가 있다. 그것이 그렇게 간단한가? 사람들이 제안을 너무나 많이 해서 갈피를 잡지 못할 수 있다. 기드온처럼 양털을 놓아두어야 하는가?* 히브리서 11장 32절에서는 기드온을 믿음의 사람으로 칭찬한다. 우리가 기드온을 본받아야 하는가? 열린 문의 원리는 어떤가? 기회가 열려 있는지 언제 알 수 있는가? 강력한 느낌이나 분별력 있는 말이나 유용한 충고는 어떤가? 인도하심의 어느 지점에서 지혜가 개입하는가?

그런데 이 주제가 중요한 네 번째 이유가 있다. 이것은 지난 세월 동안 사람들이 하나님의 뜻을 분별하도록 도우면서 내게 점점 더 분명해진 듯한 이유이기도 하다. 가장 큰 도전은 '하나님의 계획'을 알아내는 것이 아니라 하나님을 아는 것이다. 내 인생의 목적은 하나님을

---

* 기드온의 양털 이야기는 사사기 6장 33-40절에 나오는데, 흔히들 인도하심을 구하는 훌륭한 사례로 인용한다. 기드온에 대해서는 뒤에서 다시 다룰 것이다!

알고 그분을 영원히 영화롭게 하는 것이기 때문이다. 제임스 패커(J. I. Packer)가 『하나님을 아는 지식』에서 이것을 다음과 같이 말한다. "일단 이 땅에 자신이 존재하는 주된 목적이 하나님을 아는 것임을 깨닫게 되면 인생의 문제 대부분은 저절로 이해된다."[2)]

인도의 과정이 때로는 고통스러워 보일 수 있다. 우리에게는 온통 불신과 불안뿐일지도 모른다. 돌이켜 보면 후회가 되는 결정도 있고, 지혜가 부족했다고 한탄할 수도 있다. 그렇지만 영적 여정에서 가장 중요한 것은 우리가 가기로 한 길이 아니라 우리가 따라가는 인도자이시다. 이 여정에서 우리가 하나님을 알고 신뢰하게 되어야 한다. 인도하시는 과정 내내 우리가 하나님을 보아야 한다.

이스라엘이 금송아지를 섬기는 죄를 지은 후에, 하나님은 백성이 약속의 땅을 기업으로 받도록 그들보다 앞서가시며 인도하겠다고 하셨다. 그렇지만 이어서 "너희를 젖과 꿀이 흐르는 땅에 이르게 하려니와 나는 너희와 함께 올라가지 아니하리니 너희는 목이 곧은 백성인즉 내가 길에서 너희를 진멸할까 염려함이니라"(출 33:3)라고 선언하셨다.

이 말씀을 듣고서 백성은 슬퍼했다. "백성이 이 준엄한 말씀을 듣고 슬퍼하여 한 사람도 자기의 몸을 단장하지 아니하니"(출 33:4).

선물을 주시는 분 없이 선물을 받는다면 무슨 의미가 있는가? 인도하시는 분과 사귐을 누리지 못하면서 인도하심을 안다면 무슨 의미가 있는가?

이 책의 구성

이 책은 서문에 해당하는 장에서 인도하심에 대해 흔히들 하는 오해 몇 가지를 걷어 낸 후에, 3부로 나뉘어 전개된다.

1부에서는 인도하심의 주요 원리를 살펴보겠다. 하나님은 우리를 어떻게 인도하시는가? 성경과 성화된 상식의 역할은 무엇인가? 성령님의 역할은 무엇인가? 이를테면 강력한 느낌, 상황이 가리키는 신호, 친구의 지혜 같은 다른 형태로 인도하시는 것도 고려해야 하는가? 1부는 결정을 지혜롭게 내리고자 할 때 밟아야 할 일곱 단계를 제안하는 것으로 마무리할 것이다.

2부는 이러한 원리를 적용하는 것으로 시작하겠다. 하나님의 뜻은 우리 삶의 모든 영역을 아우르므로, 내 인생이 방이 많이 딸린 저택이라면 그 집에는 잠긴 방문이 있을 리 없다. 일상의 결정 대부분은 비교적 간단하고 그다지 중요하지 않다. 반면에 장기간에 걸쳐 영향을 미치는 결정도 있다. 그러한 결정은 다음과 같은 세 가지 주제를 중심으로 응집한다.

- 교회: 어떻게 하면 딱 맞게 교회를 찾을 수 있는가?
- 직장: 어떻게 하면 딱 맞게 일자리를 찾을 수 있는가?
- 결혼: 결혼을 해야 하는가? 만일 결혼을 한다면 누구와 해야 하는가?

3부에서는 더 큰 문제를 다룰 텐데, 하나님은 그 인도 과정을 어떻게 사용하셔서 우리가 예수 그리스도의 제자로서 더 성숙해지도록 도우시느냐는 것이다. 하나님은 이 과정을 어떻게 사용하셔서 우리가 그분과 더 깊은 관계에 들어가도록 이끄시는가? 이 과정은 우리가 전제로 하는 사항과 우선순위에 어떠한 도전을 주는가? 하나님은 우리가 무엇을 배우기를 원하시는가?

이 책의 목표는 우리가 인도하심의 원리를 충분히 생각하여 하나님을 기쁘시게 하는 결정을 내릴 수 있도록 돕는 것이다. 그렇지만 이 책은 그보다 더 큰 일도 목표로 삼는다. 우리는 길이 아무리 험하더라도 우리 영혼이 잘될 것이며 하나님이 범사에 우리를 위해 역사하신다는 것을 알고 안심할 수 있도록 하나님을 더욱 신뢰해야 한다.

우리는 하나님의 뜻을 행할 소망과 용기와 힘이 가득한 채로 겁 없이 걸어갈 수 있으며, 그분이 우리가 받을 수 있게 하시자마자 늘 신속히 베푸시는 다함 없는 행복을 기다릴 수 있다.[3]

01 인도하심에 대한 오해

보스턴에 발이 묶이다

1990년에 우리 가족은 정말로 엄청난 모험을 했다.

우리는 대개 영국 남부나 웨일스의 아름답고 험준한 풍경 속 어딘가에서 휴가를 보냈었다. 그런데 1990년에는 미국 플로리다로 갔다.

내가 디트로이트에 있는 어느 교회를 방문하기로 했었기에, 아이 셋을 같이 데리고 가서 디즈니월드에서 한 주를 보내기로 했다. 아이들은 비행기를 타 본 적이 없었다. 아들 둘은 자기들이 좋아하는 지 아이 조(G. I. Joe)가 있는 땅에 간다는 생각에 무척 기뻐했다. 당시 세 살이던 딸은 그저 디즈니에서 '빙글빙글 회전 컵'을 타고 싶어 했다.

나는 항공권을 예약해 주는 여행사 직원에게 이런 상황을 다 설명했다. 가족을 이와 같은 여행에는 처음으로 데리고 가는 것이었는데,

그 직원은 내가 불안해한다는 것을 알아차린 것이 분명했다. 그는 미소를 머금고 달래듯이 말했다. "어렵지 않을 거예요. 보스턴에서 한 번만 비행기를 갈아타면 됩니다. 여유 시간이 최소 30분은 될 거예요. 연결편 탑승만 확실하게 하시면 됩니다. 보스턴에 3주 동안 발이 묶이고 싶지는 않으실 테니까요."

여행을 떠나기 전날 밤에야 그 말이 생각났다.

아침 8시 비행기를 타려면 집에서 새벽 3시에는 출발해야 했다. 가족 모두 일찌감치 잠자리에 들었지만, 나는 다소 흥분한 상태로 비몽사몽간에 계속 시계를 쳐다보고 있었다. '보스턴에 발이 묶인다.'라는 말이 계속 머릿속에 맴돌았다. 어두운 시간대에는 까닭 없는 두려움에 시달리기 마련이다.

나중에 알고 보니 히스로 공항에서 이륙한 비행기가 예정보다 일찍 보스턴에 착륙했고, 그래서 우리가 연결 항공편에 편하게 탔으므로, 돌이켜 보면 꺼내기도 부끄러운 이야기다.

그런데 우리는 인도하심에 대해 바로 이러한 식으로 생각하는 경우가 많다.

결정하지 않기로 결정하기

우리는 인생 계획을 하나님의 여행사가 우리에게 짜 준 복잡한 여행 일정표 같은 것으로 생각한다. 그것을 '하나님의 뜻'이라고 부른다. 이 생각에 따르면 하나님의 뜻은 사람마다 다르다. 하나님이 성경에서 우리 모두에게 해당하는 지침을 주셨을 수도 있지만, 이것은 경우가 다르다. 하나님의 뜻은 지금껏 드러나지 않았어도 분명히 존재한다. 그 뜻은 우리 삶의 이상적 청사진이며 하나님이 설계하신 것이다. 플로리다로 가는 여행처럼 우리가 연결 항공편에 탑승하려면 반드시가 있어야 하는 특정 장소가 있다. 첫 연결편을 놓치면 여행이 절대로 완벽하지 않을 것이다. 우리는 딱 맞는 때에 딱 맞는 곳에 있어야 한다. 그런데 만일 엉뚱한 곳으로 가면 어떻게 되는가? 연결 항공편을 놓치면 무슨 일이 일어나는가? 계획을 변경하여 따라잡을 수 있을지도 모른다. 아니면 그대로 발이 묶일지도 모른다. 최악의 시나리오는 결국 보스턴에서 발이 묶이는 것이다.

이러한 관점에서 보면, 내게는 이중으로 책임이 있으니 어떻게든 계획을 발견해야 하고, 그 계획을 따라야 한다는 것이다.

하나님의 완벽한 계획을 발견한다는 것은 선택을 한다는 뜻이다. 두 가지 선택이 내 앞에 있고, 둘 중 하나만 옳은 선택일 수 있다면, 어느 선택이 내 삶에 대한 하나님의 이상적인 계획인지 어떻게 알 수 있는가? 어떠한 경험을 했고 어떠한 교회 배경에서 자랐는지에 따라 특별계시나 꿈, 양털, 영적 상담가의 지도, 성경 묵상, 아니면 이 모든 것을 어느 정도 조합해야 알 수 있을 것이다. 인내력과 시간이 충분하다면 나는 하나님이 원하시는 것을 찾아낼 수 있다. 그런 다음에 행하기만 하면 되니, 쉽다!

그런데 만일 내가 틀렸다면 어떻게 되는가? 하나님의 계획을 잘못 이해해서 틀린 길을 택한다면? 적절치 않은 교회에 다니거나 엉뚱한 사람과 결혼하거나 잘못된 진로에서 시작한다면? 하나님이 나를 버리지는 않으시겠지만, 나는 인생에서 하나님의 차선(次善)을 경험할 운명일 것이다. 보스턴에서 발이 묶일 것이다!

만일 우리 인생에 대한 하나님의 뜻이 복잡하게 얽힌 일련의 결정이라면, 그래서 그 결정을 바르게 해석하고 절대로 엇나가지 않을 책임이 우리에게 있다면, 우리 인생에 대한 하나님의 으뜸가는 계획을 놓치고 결국은 둘째로(또는 셋째로) 좋은 계획에 머물 수도 있다. 영적인 면에서 나는 결국 폐품 신세가 될 것이다. 나는 하나님께 쓸모없어질 것이다.

그렇다면 여기에 우리는 어떻게 반응하는가? 우리가 인도하심을 이런 시각으로 본다면, 결정을 하지 않기로 결정할 수도 있다! 우리는 사고가 마비되고 혹시라도 잘못 결정할 경우를 대비해서 믿음의 걸음을 내딛지 못할 수 있다. 위험을 피하려는 나머지, 만일의 경우를 대비해 어떠한 중요한 일도 하려고 들지 않는다.

이는 달란트 비유에 나오는 사람과 같다. 주인이 매우 귀한 것을 맡기자, 그 사람은 두려움으로 반응했다.

> 한 달란트 받았던 자는 와서 이르되 주인이여 당신은 굳은 사람이라 심지 않은 데서 거두고 헤치지 않은 데서 모으는 줄을 내가 알았으므로 두려워하여 나가서 당신의 달란트를 땅에 감추어 두었었나이다 보소서 당신의 것을 가지셨나이다(마 25:24-25).

우리는 어쩌면 그런 방식이 신중하고 지혜롭다고 생각할지도 모른다. 그러나 그 주인은 동의하지 않는다!

그 주인이 대답하여 이르되 악하고 게으른 종아 나는 심지 않은 데서 거두고 헤치지 않은 데서 모으는 줄로 네가 알았느냐 그러면 네가 마땅히 내 돈을 취리하는 자들에게나 맡겼다가 내가 돌아와서 내 원금과 이자를 받게 하였을 것이니라(마 25:26-27).

실수할지도 모른다는 두려움 때문에 우리는 생각이 마비되고 순종하지 못할 수 있다.
성경은 하나님이 우리를 실망하게 하지 않으시리라 신뢰하며 발을 내딛는, 담대하고 용기 있는 믿음을 요구한다. 불안해하고 걱정하며 미래를 맞이하라고 요구하지는 않는다.

더 나은 길

이러한 견해의 문제는 하나님의 성품은 물론이고 인도하심의 성격과 목적에 대해서도 결함이 있는 이해가 바탕에 깔려 있다는 것이다.
이 견해는 하나님이 우리 의지의 지배를 받고 계신다고, 그러니 우리가 실수를 한다면 그분께는 우리를 다시 제자리로 돌려놓을 지혜도 능력도 없다고 생각한다. 우리는 하나님이 우리를 포기하시고 낙오자로 치부해 버리실까 두려워할 수도 있다.

피할 수 없는 결과를 초래하는 끔찍한 실수를 저지를 가능성은 있다. 내가 혼인 서약을 의도적으로 어긴다면, 용서와 결혼 관계의 회복은 맛볼 수 있을지 모르지만, 이제는 사역에서 내가 갈 수 없는 길이 있다는 것을 알아차릴 것이다. 다윗은 죄를 용서받았지만, 그와 가족에게는 후폭풍이 계속 있었다(삼하 12:11-14).

그렇지만 일부러 죄를 지은 경우에도 하나님은 그 결과를 뒤집으시고 모든 것을 선하게 바꾸실 수 있다. 요셉과 형들의 이야기에서 바로 그렇게 하셨으며(창 50:20), 궁극적으로는 갈보리에서 그렇게 하셨다(행 2:22-24). 인간의 죄가 하나님의 목적을 좌절시킬 수는 없다.

물론 어리석은 결정이 장기간에 걸쳐 영향을 미칠 수는 있다. 그렇지만 우리의 실수 때문에 하나님의 목적이 좌절될 수 있다고 생각한다면 하나님을 전혀 하나님답지 않은 모습으로 희화화하는 것이다. 하나님을 자기 자녀들의 어리석은 결정을 무효로 돌리지 못한 채, 무기력하게 쳐다만 보는 분으로 만들어 버리는 것이다. 하나님의 지혜와 선하심과 능력을 의심하는 것이다. 그러나 하나님은 메뚜기로 인한 결핍과 고난의 세월을 회복시킬 수 있는 분이다(욜 2:25).

성경에는 잘못을 저질렀지만 회복된 사람들 이야기가 잔뜩 있다. 그러한 잘못 중에는 판단 착오도 있고, 죄악 된 불순종 행위도 있다. 아브라함은 아내를 다른 사람이 취하게 했고, 모세는 애굽 사람을 죽였고, 다윗은 밧세바와 더불어 죄를 범했고, 베드로는 주님을 부인했다. 이 중에 이 사람들을 구제할 수 없는 열등한 처지로 전락시킨 일은 하나도 없다. 하나님은 실패한 이들을 회복시키는 일을 하시는 은혜의 하나님이시다. 하나님이 중한 죄를 저지른 사람들도 회복시켜 줄 수 있으시다면, 우리가 순전히 판단 착오를 했을 때 우리를 회복시켜 주지 못하시겠는가?

이 견해는 인도하심의 목적에 대해서도 잘못 이해한다. 하나님은 우리가 자라서 하나님을 믿고 함께 교제하기를 원하신다. 지혜는 실제로 연습해야 발전하는 실용 기술이다.

기도하고 지혜로운 조언을 받은 후에 믿음으로 했는데 진짜로 실수를 저지른 것이라면 어떻게 되는가? 하나님은 우리가 뒤늦게 깨달은 지혜가 진작에 있었다면 다르게 결정했을 상황을 그냥 놔두실 때가 있다. 그렇지만 그러한 결정을 내렸다고 해서 우리가 평생 발이 묶이지는 않는다. 그 결정 덕분에 우리는 성숙한다. 아이들이 어릴 때는 아내와 내가 아이들을 대신하여 대부분의 결정을 내려 주었다. 아이들이 자라면서 우리는 아이들에게 선택지를 제시해 주고서 결과를 충분히 생각해 보라고 권했다. 아이들이 실수할 때도 있었다. 그렇지만 아이들은 실수를 통해 배우면서 점차 지혜롭고 성숙해졌다.

예수님은 우리가 어리석게 행동할 때조차도 우리가 처한 상황에 은혜를 베푸신다. 스티브 타마요(Steve Tamayo)가 다음과 같은 글을 썼다.

나는 평생 여러 어리석은 결정을 내린 적이 있는데, 아마 당신도 그런 적이 있을 것이다. 그중 어떠한 실수를 통해서는 배우기도 했고 하나님의 은혜를 맛보기도 했다. 그러면서 하나님의 음성과 그분의 성령님의 인도하심을 감지하는 능력이 자랐다. 나는 자신에 대해서, 즉

내가 무엇에 강한지, 무엇에 유혹당하기 쉬운지 더 잘 알게 되었다.[1)]

생각을 명확히 하려면 "우리가 무슨 의미에서 '하나님의 뜻'이라고 말하는가?" 하고 물어보아야 한다.

성경은 이 질문에 최소 두 가지 답을 내놓는다.

1. 하나님의 주권적인 뜻

우선 성경은 하나님의 뜻에 대해 그분의 완전한 주권적인 뜻이라는 면에서 이야기한다.

하나님은 영원하고 모든 것을 아우르는 계획, 무산될 수 없고 결국은 하나님을 영화롭게 하며 자기 백성에게 유익이 될 계획이 있으시다. 이 세상에서 일어나는 모든 일은 그 계획의 결과다. 하나님의 주권적 계획은 모든 것을 다 포함하며 신비하고 불가항력적이다. 그 계획에는 쿼크 입자에서 은하수에 이르기까지, 지렁이에서 천사에 이르기까지 창조 세계에 있는 것이 모두 들어간다. 세상 역사는 임의의 의미 없는 사건의 연속이 아니다. 모두 하나님의 계획이 실행된 결과다. 하나님의 목적은 우주, 인류, 교회, 지금껏 살았거나 앞으로 살아갈 모든 개개인을 아우른다. 모든 일이 그분의 계획을 따른다(엡 1:11).

그분의 계획은 실패할 수가 없다는 것이 바로 하나님의 본질이다.

너희는 옛적 일을 기억하라 나는 하나님이라 나 외에 다른 이가 없느니라 나는 하나님이라 나 같은 이가 없느니라 내가 시초부터 종말을 알리며 아직 이루지 아니한 일을 옛적부터 보이고 이르기를 나의 뜻이 설 것이니 내가 나의 모든 기뻐하는 것을 이루리라 하였노라(사 46:9-10).

이것을 입술로 가장 강력하게 고백한 사람은 이방인의 왕일 것이다. 바벨론 왕 느부갓네살은 교만하여 자신의 영광과 위엄이 얼마나 훌륭한지 자랑했다. 그렇게 무모하고 거만하게 주장하자, 하나님은 왕이 제정신을 잃게 하시고 인간의 약함에 직면하게 하시는 것으로 대응하셨다. 왕은 부끄러운 시기를 보낸 후에 정신이 돌아와서, 자기가 아니라 여호와가 왕이심을 인정했다!*

그 기한이 차매 나 느부갓네살이 하늘을 우러러보았더니 내 총명이 다시 내게로 돌아온지라 이에 내가 지극히 높으신 이에게 감사하며 영생하시는 이를 찬양하고 경배하였나니 그 권세는 영원한 권세요 그 나라는 대대에 이르리로다 땅의 모든 사람들을 없는 것같이 여기시며 하늘의 군대에게든지 땅의 사람에게든지 그는 자기 뜻대로 행하시나니 그의 손을 금하든지 혹시 이르기를 네가 무엇을 하느냐고 할 자가 아무도 없도다(단 4:34-35).

이 가장 큰 진리가 우리 머리를 누일 수 있는 가장 푹신한 베개다.

---

* 이 이야기는 다니엘서 4장에 나온다. 이 이방인 왕은 다니엘의 하나님 앞에 무릎을 꿇고 절할 때 개종한 듯하다.

인도하심에 관해서 말하자면, 나는 운명론자가 될 필요가 없다. 하나님은 내가 생각하고 행동하기를 기대하시기 때문이며, 나는 꼭두각시가 아니기 때문이다. 그렇다고 해서 두려워할 필요도 없다. 하나님은 내 잘못조차도 뒤집을 수 있으시다. 하나님의 계획은 내 모든 결정, 심지어 잘못된 결정까지도 아우른다. 당연히 나는 잘못된 결정을 내리고 싶지 않아도 실수를 할 수도 있고, 때로는 옳지 않은 조언을 얻거나 모든 요인을 고려하지 못할 수도 있다. 그냥 멍청하게 행동할 수도 있다. 하지만 그렇다고 해서 하나님의 계획이 실패할 리가 없다. 나는 나를 향한 하나님의 계획은 언제나 나를 위한 것임을 안다.

하나님은 그분 백성을 소중히 여기신다. 우리는 하나님의 목적이 어디로 향하는지 쉽사리 깨달을 수 없을 때조차도 하나님을 신뢰할 수 있다. 믿음으로 위험한 결정을 내린다고 해도 그분은 당황하지 않으실 것이다. 나는 코로나바이러스 때문에 봉쇄가 내려진 시점에 이 글을 쓰고 있다. 요즘 인터넷에는 코로나바이러스에 대한 하나님의 목적과 관련하여 말도 안 되는 이론 몇 개가 떠돌아다닌다. 나는 이 문제에 대해 내가 하나님을 적확하게 대변할 수 있는 양 행동할 정도로 **뻔뻔**하지는 못하다. 그러나 내가 분명하게 말할 수 있는 것은, 코로나바이러스가 하나님을 불시에 덮치지는 않았으며, 어떻게든 하나님 눈에 띄지 않는 길을 찾지는 못했다는 것이다. 코로나바이러스도 교회를 성장시키고 하나님 백성에게 이로운, 하나님의 목적 안에 있다. 하나님이 그분의 교회를 세우시니 음부의 권세가 이기지 못할 것이다(마 16:18).

하나님의 계획은 언제나 선하다. '선'이라는 말은 '인정할 만하다'라는 뜻이다. 하나님이 선하시다는 것은 하나님이 선의 궁극적 판단 기준이시라는 뜻이며 하나님이 행하시는 일은 무엇이든 인정할 만하다는 뜻이다. 그분의 계획은 지혜롭기도 하다. 하나님의 지혜는 그분이 늘 최선의 목표를 택하시고 그 목표를 달성하는 최선의 수단을 택하신다는 뜻이다. 우리는 시야에 한계가 있어서 그 최선을 늘 볼 수는 없다. 하늘의 계획이 땅에서는 전혀 이해되지 않더라도, 우리는 하나님의 지혜를 늘 신뢰할 수 있다. 십자가를 떠올려 보라!*

우리는 하나님의 주권적 뜻을 사전에 알지는 못하지만, 그분이 자기를 사랑하는 사람들에게는 모든 것이 합력하여 선을 이루도록 역사하신다는 것은 믿을 수 있다(롬 8:28).

2. 하나님의 계시된 뜻

그렇지만 성경은 하나님의 뜻을 다른 면에서 서술하기도 한다. 이것을 하나님의 계시된 뜻 또는 하나님이 바라시는 뜻이라고 한다. 바로 하나님이 성경에 계시해 주신 내용을 말한다.[2] 이 뜻은 하나님이 우리에게 어떻게 살라고 명령하셨는지를 전해 준다. 또 하나님이 누구신지 그분의 피조물에게 무엇을 원하시는지도 알려 준다. 우리가 하나님을 알고 하나님을 기쁘시게 하는 삶을 살아가려면 하나님의 계시된 뜻만 있으면 된다. 하나님의 주권적 뜻은 결코 실패할 수 없지

---

* 고린도전서 1장 18-31절. 십자가의 도가 어리석어 보이지만 궁극적으로는 하나님의 지혜를 보여 주는 증거다. 우리가 부활의 관점에서 돌아볼 때만 이것을 알 수 있다. 언젠가 자기 삶 전체를 돌아볼 바로 그때, 우리는 하나님이 그분의 지혜로 모든 일을 온당하게 행하셨음을 알게 될 것이다.

만, 우리가 하나님의 계시된 뜻을 거스를 수 있고 실제로 거스르기도 한다. 바로 이것이 죄의 본질이다.

인도하심에 관한 한, 성경을 바르게 이해하면 선하고 지혜롭게 결정을 내리는 데 필요한 것을 전부 얻을 수 있다.

하나님은 절대적으로 자유롭게 우리 인생을 성경의 범위를 넘어서는 방식으로 인도하실 수 있다. 나중에 생각해 보니 다른 방법으로는 결코 도달하지 못했을 결정을 아주 특별한 어떤 일 때문에 내리게 된 경우가 아마 우리 대부분에게는 기억날 것이다. 뜻밖의 섭리, 또는 주체할 수 없을 정도로 강력한 느낌, 현명한 친구의 개입 덕분에 우리 인생행로가 바뀐 적이 있다. 그러나 탄탄하게 성경에 기반을 두지 않은 채 그러한 일에만 의지해서 살아간다면 결국은 실패하게 될 것이다.

하나님이 정말로 약속하시고 어김없이 행하시는 것은 바로 성경을 통해 우리를 인도하시는 것이다. 뒤에 나오는 장에서 살펴보겠지만, 성경을 바르게 이용하는 방법과 그릇 이용하는 방법이 있다. 이 시점에서는 우리가 인생에 대해 알아야 하는 하나님의 계획이 전부 성경에 계시되어 있다는 것만 딱 잘라 말하고 싶다. 성경이 명령이나 금지를 명확하게 말해 주므로 우리가 내릴 결정 대부분은 단순하기 마련이다. 우리는 순종만 하면 된다. 우리의 결정 대부분은 도덕적으로 중립이어서, 여러 선택지 중에 하나를 쉽게 고르면서도 하나님을 기쁘시게 할 수 있다. 이러한 선택지가 '지혜의 부름'이며 성경은 우리가 지혜롭게 결정하도록 도와주겠다고 약속한다.

더 있는가?

이 질문에서 우리는 처음으로 돌아가게 된다. 성경에는 '하나님의 뜻'이라는 말의 세 번째 용도가 있는가? 성경은 하나님이 우리 각 사람의 인생에 대해 특별한 계획이 있으시며, 그 계획을 발견할 수 있고, 발견한 후에는 따를 수도 있고 거스를 수도 있다고 밝히는가? 하나님이 나를 위해 요람에서 무덤까지 이상적이고 완벽하게 설계된 계획을 세우셨는가? 만일 그러셨다면 그 계획을 어떻게 발견하며, 만일 내가 그 계획을 잘못 이해하면 어떻게 되는가? 나이 육십 줄에 들어서 방향을 잘못 틀면 결과가 끔찍할 수도 있지만, 이십 대에 하나님의 가장 좋은 계획을 놓쳐 버리는 것과 비교하면 아무것도 아니다. 그렇게 놓치면 평범하게 살아가는 운명이 될 것이다. 하나님이 여전히 나를 사랑하시고 내게 가능한 일을 계획해 놓으셨겠지만, 어느 것 하나 실현하지 못할 것이다. 그저 하나님의 차선책만 경험할 수 있을 뿐이다.

이렇게 생각하는 것을 '차선책' 관점이라고 불러도 좋겠다. 이 관점을 제럴드 싯처(Gerald Sittser)는 다음과 같이 서술한다.

전통적인 이해에 따르면, 하나님의 뜻은 우리가 장래에 따라야 하는 구체적인 길로 정의된다. 하나님은 그 길이 어느 길인지 아시고, 우리가 따르도록 그 길을 펼쳐 놓으셨다. 우리는 그 길, 곧 우리 인생에 대한 하나님의 계획을 발견할 책임이 있다. … 올바르게 선택한다면 선택하는 그때 그분의 은총을 받아 거룩한 운명을 실현해 내며 인생에서 성공할 것이다. … 그릇 선택한다면 길을 잃고, 우리 인생

에 대한 하나님의 뜻을 놓치고, 풀리지 않는 미로 속에서 영원히 헤맬 수 있다.[3]

인도하심을 이러한 관점에서 보려면 무언가 성경 이상의 것이 필요하다.
전통적인 견해에 따르면, 우리가 성령님의 인도 아래 새롭게 된 마음으로 성경을 해석할 때 하나님이 성경을 통해 우리에게 직접 말씀하신다. 그러면 결정하고 그에 따라 행동하는 것은 우리가 할 일이다. 우리의 순종하는 마음을 통해 성경을 거쳐 하나님과 우리를 연결하는 직통 전화선이 있다.

'은밀한 계획'이라는 견해 때문에 그 사슬에 연결 고리가 하나 더 달린다. 성경에 나오는 하나님의 일반적인 뜻이 내게, 또 내 환경에 대해서 더 구체적이고 특별한 뜻이 되게 하는 특정 징표나 표시가 성경과 나 사이에 있다는 것이다. 주관적인 인상, 사전에 계획된 표시, 성경 외의 하나님 말씀, 열린 문, 기타 등등이 그러한 징표에 포함될 수 있다. 이것 중에 무엇이든 다 그러한 징표가 될 수 있음을 부인하고 싶지는 않다. 다만 나는 그러한 징표를 성경으로 점검해 봐야 한다고 주장할 뿐이다. 성령님은 주권이 있으셔서 우리를 그분이 원하시는 대로 인도하실 수 있다. 또 일관성이 있으셔서 성경에 나오는 말씀과 전혀 모순되지 않으신다.

소위 징표라는 것 중에는 분명히 의심스러운 것들이 있으니, 양털은 무슨 뜻이며 주관적 확신이 맞는지를 어떻게 판단하는가? 그렇지만 내가 보기에 가장 큰 위험은 그러한 징표 때문에 하나님의 선하심에 대한 우리의 믿음과 더불어 성경에 나오는 하나님의 계시의 신빙성도 훼손되는 것이다. 미래에 불건전하게 집착하고 하나님이 약속하시지 않는 확신을 갈망한다면 우리가 믿음으로 걸어가는 데 방해가 될 수 있다. 결국 이것은 믿음의 문제다.

하나님은 계획이 있으시지만, 그 계획을 세세히 이해하라고 부담을 주지는 않으신다. 하나님이 내 미래에 정말로 관심 있으시고 나를 정말로 인도하시고 내 모든 결정의 결과를 정말로 주관하시지만, 여행 일정표를 사전에 나와 공유하겠다고 약속한 적은 없으시다. 우리는 그저 다음 몇 걸음만 어렴풋이 보면 되지, 저 멀리 지평선까지 볼 필요는 없다. 우리는 이 여정의 끝에 천국이 있다는 것을 안다. 가는 길이 힘들어질 때 우리는 그 사실에서 힘을 얻는다.

그 계획을 설령 알 수 있다고 해도 정말 알기를 원하는가? 아내가 삼십 대에 중병을 앓는다거나 일곱째 손자가 심한 장애를 입을 것을 하나님이 당신에게 미리 알려 주신다고 생각해 보라. 당신이 죽을 날을 하나님이 알려 주신다고 상상해 보라. 그런 정보를 정말로 원하는가?* 우리는 아무것도 바꿀 수 없을 것이기에 그러한 정보는 다루기에 너무나 버겁다는 것을 알게 되리라. 하나님이 우리를 보호하셔서 그와 같은 것을 알지 못하게 하시는 것이 바로 은혜다. 한 날의 괴로움은 그날로 족하다(마 6:34).

인생이 일종의 여행이라면, 하나님은 우리가 그분과 함께 걸으면서

---

* 이사야 38장에서 하나님이 히스기야에게 죽을 날을 계시해 주셨다. 39장을 읽어 보면, 그 결과가 재앙이었음을 알게 될 것이다.

경치를 즐기는 법을 배우기를 원하신다. 우리가 하나님을 신뢰하면서 그분의 말씀에 대한 순종을 바탕에 두고 결정을 내릴 때, 우리는 계속해서 예수님을 닮아 가게 된다. 결정을 내릴 때는 결과에 상관없이 하나님께 순종해야 하므로 어떠한 결정을 하느냐가 제자도의 자질을 가늠하는 시험대다. 누군가 자기는 인도하심에 대하여 문제가 있다고 말한다면 실은 순종의 문제가 있다는 뜻인 경우가 흔하다!

제임스 패커는 다음과 같이 말한다.

> 진리를 말하자면, 하나님은 그분의 지혜로 우리가 계속 겸손하게 믿음으로 걸어가도록 가르치시기 위해, 우리가 섭리의 목적과 관련하여 알고자 하는 일과 그분이 교회와 우리 각 사람의 삶에서 역사하시는 거의 모든 일을 우리가 보지 못하도록 숨겨 오셨다. …
> 우리가 확신할 수 있는 것은, 하나님은 이 기막히게 복잡한 세상 질서를 만드셨고, 이집트에서 크게 구속하셨고, 나중에는 죄와 사탄에게서 훨씬 더 크게 구속하신 분이며, 그분 손이 보이지 않게 숨기시는 때도 스스로 무슨 일을 하시는 중인지 아시고, '모든 일을 잘 행하신다'는 것이다. 우리는 하나님의 길을 발견하지 못할 때도 그분을 믿고 그분 안에서 기뻐할 수 있다.[4]

우리는 하나님을 믿을 수 있다. "그러므로 내가 너희에게 이르노니 너희 목숨을 위하여 무엇을 먹을까 몸을 위하여 무엇을 입을까 염려하지 말라"(눅 12:22) 하신 예수님의 말씀을 잊지 말라.

우리가 하나님을 믿지 않으려고 한다면, 장차 우리를 인도하실 정도로 위대하거나 지혜로운 분으로 생각하지 않는다고 말하는 것이다. 하나님이 우리를 인도하시고 돌보시고 보호하시며 무사히 본향으로 데려가시리라고 믿을 수 있는지 의심하는 것이다. 인도하심이 미로를 통과하는 길을 찾는 것과 같아서는 안 된다. 하나님은 우리가 미래에 그만 집착하고 그분을 믿기를 원하신다.

나는 스물여섯 살에 윌트셔에 있는 교회의 목사로 청빙 받아서 거의 14년 동안 그곳에 있었다. 내가 만일 틀렸다면 어떻게 되는가? 목회자들이 대부분 그렇듯이 좋은 때도 있었고 그렇지 않은 때도 있었다. 고백하건대 내가 실수를 한 것은 아닌지 생각할 정도로 특히나 힘들던 때가 최소 한 번은 있었다. 젊은이가 거의 없었고 어느 해에는 반년 동안 교인 열 명의 장례를 치렀다. 내가 딱 맞는 인물인가? 하나님의 뜻을 내가 잘못 이해했는가? 길을 잘못 들었는가? 나는 보스턴에 발이 묶인 셈인가?

바로 그것이 인도하심에 대한 '은밀한 계획' 견해의 문제다. 거기에서 불확실성과 의심이 생긴다. 나 자신의 지혜를 의심하는 것이 옳았을지도 모르지만, 그것은 하나님을 의심한다는 뜻이었다. 그것은 하나님을 무력한 분으로, 내가 엄청난 실수를 하는 것을 보면서도 그렇게 하지 못하도록 막거나 그 실수를 선하게 바꿀 힘도 없는 분으로 그리는 것이다. 그 견해는 또 우리가 일단 하나님의 계획을 발견하면 비교적 편하면서도 근사하게 안락한 삶을 살아가리라고 가정한다. 십자가를 지는 사람들에게는 그와 같은 삶이 보장되지 않는다. 그처럼 힘든 상황에서 나는 하나님을 더욱 알고 더욱 믿는 법을 배웠다.

이러한 견해가 만연하면 마크 데버(Mark Dever)가 '영적이고 감정적인 속박'이라고 부르는 것이 생긴다. 내면의 깊은 확신(주관적 강박감)을 주장하면 무기력한 상태가 될 수 있다. 반직관적이지만 부인할 수는 없는 강한 확신을 하나님이 주실 때가 전혀 없다고 말하고 싶지는 않다. 그것에 대해서는 나중에 살펴보겠다. 그러나 나는 다음과 같은 데버의 생각에 동의한다.

> 내가 그리스도인으로 살면서 내린 결정 대부분은 그와 같이 주관적인 인도하심을 느끼고서 내리지 않았다. 어쩌면 이것이 내가 영적으로 미숙하다는 표시라고 말할 사람도 있을 것이다. 내가 이해하기로는, 하나님 나라가 충만하게 임하고 그리스도께서 재림하셔서 하나님과 직접, 변함없이, 온전하게 사귀기 전까지는 이것이 하나님의 구속받은 자녀가 이 타락한 세상에서 살아가는 정상적인 방법이다. … 그러나 그와 같은 주관적인 인도하심을 느끼고자 하는 열망 때문에 오늘날 복음주의 신앙생활에서 형제자매들이 속박당하고, 하나님이 마련하셨을 좋은 선택을 누리지 못하는 무력한 상태가 되며, 행동하기 전에 그릇되게 기다리게 되는 경우가 너무나 많다.

분명히 해 두자. 하나님은 우리 인생에 대한 계획을 정말로 갖고 있으시지만, 그 계획을 우리에게 통째로 계시해 주지는 않으셨다. 때로는 특별한 수단을 이용해서 우리가 가는 방향을 틀어 버리실 수도 있지만, 대부분은 우리가 믿음으로 그분과 동행하며 결정의 실행을 그분 손에 맡기기를 기대하신다. 그렇게 하면 기막히게 자유로운 기분이 든다. 나는 하나님을 넘겨짚을 필요가 없다. 나는 미래에 대한 청사진을 보여 주는 수정 구슬을 들여다보기보다는 하나님을 알아 가고 그분이 분명하게 계시해 주신 뜻을 이해하는 데 집중할 수 있다.

돌이켜 생각해 보니 내가 잘못된 것으로 보이는 결정을 내렸을 수도 있는가? 그렇다. 타락한 세상에서는 당연히 일어날 수 있는 일이다. 그것은 내가 차선책을 경험할 운명이라는 뜻인가? 절대 아니다! 여기에는 성장의 기회가 있다. 나는 하나님에 대해 더 많이 배우고, 믿음이 깊어지며, 바라건대 더 지혜로운 사람이 된다.

나는 결코 보스턴에 발이 묶이지 않을 것이다.

생각하기

1. 이 장에서는 하나님의 주권이라는 견해를 서술하는데, 이 견해가 어떻게 위로와 동시에 도전이 되는가? 어떻게 하면 나는 운명론을 피할 수 있는가?

2. 시편 19편을 읽어 보라. 그 시편은 하나님 말씀의 성격과 관련하여 무엇을 시사하는가? 하나님 말씀의 유익과 관련하여 무엇을 이야기해 주는가?

3. 하나님의 비밀을 알고자 하는 열망이 어떻게 해서 결국은 '영적 속박'이 되기 마련인가?

4. 내가 좋은 믿음으로 내린 결정이 나중에 생각해 보니 잘못된 결정이었다면 어떻게 해야 하는가?

Part 1

인도하심의
원리
이해하기

Invest
Your
Future

믿고 순종하라

이 책 서두에 인용한 말씀에서 솔로몬은 인도하심이라는 문제를 다루면서 하나님의 주권과 인간의 책임 사이의 상호 작용을 이렇게 서술한다.

너는 마음을 다하여 여호와를 신뢰하고 네 명철을 의지하지 말라 너는 범사에 그를 인정하라 그리하면 네 길을 지도하시리라(잠 3:5-6).

아마 이 말씀이 인도하심이라는 주제와 관련하여 가장 자주 인용되는 구절일 것이다. 좋지 않은 결정을 내려서 결국 하나님의 '차선'에 만족해야 한다는 두려움에 때때로 갑자기 온몸이 굳어질 때 이 구절은 훌륭한 해독제다. 하나님은 우리에게 세 가지를 분명하게 명령하시고서는 인도하시겠다는 약속으로 그 명령을 강조하신다. 잠언에는 조건적인 약속도 있지만, 이 구절에 나오는 약속은 무조건적이다.

세 가지 상황을 잠시 생각해 보자. 만일 모든 상황에서 어떻게 해서든 하나님의 은밀한 뜻을 찾아내야 하는 것으로 인도하심을 이해한다면, 우리에게는 난제가 남는다. 우리는 어느 단계를 밟아야 하는가? 과연 확신할 수 있는가? 잘못 파악했다면 어떻게 해야 하는가? 이 말씀에서 솔로몬은 우리가 할 수 있는 일 세 가지를 알려 준다. 그 일이 힘들 수도 있지만, 하나님의 은혜로 우리는 이 세 가지 명령에 순종할 수 있다.

그 세 가지 명령을 살펴보자.

1. 마음을 다하여 여호와를 신뢰하라

'신뢰하다'라는 단어는 의지하거나 의존하거나 믿는다는 뜻이다. 우리는 미래에 일어날 일을 모르며, 우리가 내리는 각 결정이 어떠한 결과를 낳을지 예측할 수 없다. 그렇지만 예측할 필요가 없다. 믿음에서 가장 중요한 것은 믿음의 질이나 힘이 아니라 방향이다. 결정을 내릴 때 우리는 우리 평생에 지금껏 언제나 믿을 만한 인도자이셨던 단 한 분을 신뢰할 수 있다. 과거에 받은 은혜가 미래에 받을 은혜의 확실한 징표다. 더구나 우리는 신실하지 않으실 수가 없는 하나님을 신뢰한다. 이것이 어리석음에 대한 변명은 전혀 되지 않지만, 우리가 결정을 대담하게 내리게는 해 준다. 우리는 여호와를 신뢰할 수 있다.

2. 네 명철을 의지하지 말라

올바른 음성에 귀 기울이라는 외침도 잠언의 주요 주제다. 우리 사방에서 의견과 관점이 내는 불협화음이 들려온다. 주변 문화가 우리 마음에 흠뻑 젖어 들면서 우리 마음에 영향을 미친다. 세상의 '지혜'는 매력적이다. 세상 지혜로 잠시 성공할 수도 있다. 그러나 속지 말라. 하나님의 관점에 마음을 두라. 즉, 그분으로 기뻐하고, 그분께 앞길을 맡기라. 그분을 신뢰하고, 그분 앞에서 잠잠히 있고, 안달복달하지 말라. 아담과 하와의 타락 이야기는 잘못된 음성에 귀 기울이는 것을 경고한다.

3. 범사에 그를 인정하라

셋째, 하나님의 계시된 뜻에 나오는 분명한 명령에 우리 삶을 의식적으로 굴복시켜야 한다. 우리가 알 수 없는 것 때문에 안달복달할 필요가 없다. 하나님은 우리에게 알고 있는 것에 복종하라고 명령하신다. 하나님의 명령은 포괄적이다. 그래서 우리 삶의 모든 영역에 구체적으로 지시를 내리지는 않지만, 일상의 결정에 정곡을 찌른다. 지혜가 길거리에서 우리에게 외친다. 열심히 일하고 하나님이 명확하게 말씀하신 것에 순종하되 그 결과에 대해서는 그만 걱정하라. 하나님의 뜻을 아는 것은 분명 힘든 과제이기는 하지만, 가장 힘든 과제는 아니다. 그리스도인의 삶에서 가장 힘든 과제는 하나님의 뜻을 행하고 거룩해지는 것이다.

요약하자면, 우리는 신뢰하고 순종하라고 부르심을 받았고, 하나님은 나머지 일을 하겠다고 약속하신다.

그 약속은 명령만큼이나 명확하다. 하나님이 길을 곧게 하실 것(개역개정의 번역에 따르면 "길을 지도하실 것"-역주)이다. 편하게 여행하리라는 약속이 아니라 안전하게 도착하리라는 약속이다. 순종한다고 해서 쉽고 편하리라는 보장은 없다. 그러나 하나님의 약속을 믿고 그분의 명령에 따라 살아가기 위해 신경을 쓰고, 기도하며 그분의 뜻을 찾고, 믿음으로 걸음을 내디딘다면 곧고 분명한 길에 대한 약속 안에 있는 것이다. 여기에서는 책임의 경계가 뚜렷하다. 나는 하나님의 은혜로 내가 하도록 부름 받은 일을 해야 한다. 그러면 하나님이 나머지 일을 하실 것이다. 인도하심에 대해서 내가 불안해할 필요가 없는 이유는 인도하심이 하나님 책임이지 내 책임이 아니기 때문이다.

솔로몬이 잠언 3장 7절에서 이것을 명확하게 말한다.

> 스스로 지혜롭게 여기지 말지어다 여호와를 경외하며 악을 떠날지어다.

앞날에 대해 하나님을 신뢰하려면 스스로 보기에 자신이 지혜롭지 않다며 겸손하게 가르침을 잘 받는 마음이 필요하다. 악을 몹시 싫어하게 되는, 경외함과 두려워하는 마음도 필요하다.

2-5장에서는 인도하심의 성격을 이해하는 데 도움이 될 원리 네 가지를 살펴보겠다. 6장에서는 열린 문이나 양털처럼 인도하심과 관련하여 흔히들 입에 올리는 그 밖의 요소를 검토하겠다. 1부의 마지막 장인 7장에서는 우리가 하나님을 기쁘시게 하고 영화롭게 하는 결정을 내리기라는 목표로 나아갈 길을 표시할 때 따를 수 있는 일곱 단계를 간결하게 서술하겠다.

바로 이어지는 네 장(2-5장)에서는 아래의 정의와 함께 글을 진행하겠다.

끈기 있는 기도에 대한 응답으로 하나님은 성령님이 조명하시는 대로 성경을 통해 우리를 인도하시므로, 냉철하게 생각해 보면 우리는 지혜로우면서도 하나님을 영화롭게 하는 결정을 내릴 수 있다.

이 정의를 네 가지 원리로 나눌 수 있다.

"하나님은… 성경을 통해 우리를 인도하시므로…."
원리 1 하나님은 성경을 통해 우리를 인도하신다

"…성령님이 조명하시는 대로…."
원리 2 하나님은 성령님을 보내 우리를 인도하신다

"끈기 있는 기도에 대한 응답으로…."
원리 3 하나님은 끈기 있는 기도에 대한 응답으로 우리를 인도하신다

"…(그래서) 냉철하게 생각해 보면 우리는 지혜로우면서도 하나님을 영화롭게 하는 결정을 내릴 수 있다."
원리 4 하나님은 우리에게 지혜를 주겠다고 약속하신다

Invest
Your
Future

원리 1
하나님은
성경을 통해
우리를
인도하신다

02 하나님께 귀 기울이기

위험: 취급 주의

아내 에드리와 나는 초등학교 시절부터 서로 알고 지냈고, 같은 교회 청년 회원이었다.

에드리와 사랑에 빠졌을 때 내 나이 열여섯이었을 것이다.

나는 성경을 사랑하고 신뢰하며 설교하는 교회에 다니는 크나큰 특혜를 누렸다. 그 덕분에 내 안에는 성경에 대한 사랑이 싹텄고 절대 사라지지 않았다. 이는 하나님의 뜻을 알고자 하는 열망이 그 대답을 성경에서 찾으리라는 확신으로 표현되었다는 말이기도 하다.

성경은 놀라운 선물인 동시에 오용될 때는 위험한 책이기도 하다.

어느 날 나는 에드리에 대한 공상에 빠져서 데이트를 신청해야 할지 말아야 할지 인도하심을 구하는 기도를 했다. 그러고서는 성경을 아무 데나 펴서 말라기 2장 14절에 나오는 말씀을 읽었다. "그러면서 너희는 오히려, '무슨 까닭으로 이러십니까?' 하고 묻는다. 그 까닭은, 네가 젊은 날에 만나서 결혼한 너의 아내를 배신하였기 때문이며, 주님께서 이 일에 증인이시기 때문이다. 그 여자는 너의 동반자이며, 네가 성실하게 살겠다고 언약을 맺고 맞아들인 아내인데도, 네가 아내를 배신하였다"(새번역).

"네가 젊은 날에 만나서 결혼한 너의 아내"라는 구절이 눈에 띄었다. 언약과 성실함과 관련한 내용을 전부 이해하지는 못했으며, 실은 문맥을 완전히 무시했다. 경고를 약속으로 이해한 것이다. 그렇지만 하나님이 나에게 말씀하시지 않았는가? 좀 섬뜩해 보였지만 내가 기도를 했으니까!

내 마음속에 분명 의혹이 있었기에, 결혼한 후에야 에드리에게 이것을 말해 주었다.

하나님은 원하시는 대로 성경을 이용하실 수 있지만, 당시를 회상하면 나는 좀 겸연쩍다고 고백해야 하겠다. 아무 데나 펼쳐서 영적 통찰을 구하려는 관행을 '성경점(占)'이라고 부르기도 한다. 이 주제의 변형으로 내가 어릴 때 유행했던 '약속 상자'가 있다. 약속 상자에는 돌돌 말은 작은 양피지 여러 장이 들어 있었고, 양피지마다 성경에 나오는 놀라운 약속이 적혀 있었다. 그러한 약속 대부분은 거의 무한히 다양한 상황에 적용할 수 있고 멋지게 위로해 주는 진리를 담고 있었다.

우리는 모두 어두운 나날과 힘겨운 상황에서 기막히게 위안을 주는 약속을 발견한 경험이 있다. 우리가 그 약속을 자신의 특별한 상황에

꿰맞추려고 할 때 문제가 생긴다. 그러면 약속은 일종의 기독교 포천 쿠키(fortune cookie)가 되어 버린다.

제대로 이해한다면, 우리는 성경 어느 페이지에서든 격려와 힘을 얻을 수 있다. 다들 특정 상황에 딱 필요해 보이는 약속을 발견한 경험이 있다. 하지만 그것은 지혜롭게 인도하심을 구하는 방법이 아니다. 좋게 말해도 성경 공부를 응급으로 대체하는 게으른 접근 방법에 불과하다. 나쁘게 말하자면, 별자리나 수정 구슬을 보는 것보다 못하다.

하나님은 우리가 지적 능력을 접어 두지 않고 발휘하기를 원하신다. 내가 주치의한테 가서 증상을 말한다고 하자. 의사가 의학 서적을 꺼내 아무 데나 펼치더니 내가 산후 우울증을 앓고 있다고 말한다고 상상해 보라. 나는 주치의를 갈아 치울 것이다!

내가 원하는 의사는 내 증상을 슬기롭게 다루고 자신의 의학 지식을 이용하여 진단을 내리는 사람이다. 인도하심에 관한 한, 하나님은 내가 이성을 이용하여 성경을 접하고 선택에 직면하면 성경의 원리를 적용하기를 기대하신다.

그런데 하나님이 그분의 주권으로 그와 같은 무작위 방법을 이용하실 수도 있지만, 반드시 그러신다는 보장은 없다. 하나님이 인도하심을 구하고 찾는 과정을 사용하셔서 우리와 그분의 관계가 깊어지게 하고 우리의 성품을 변화시키고자 하신다는 것이 이 책의 주요 주장임을 기억하라. 이러한 무작위 접근법으로는 이 중에 어느 목적도 달성하지 못한다. 하나님은 우리에게 두뇌를 주셨고, 우리가 두뇌를 이용하리라 기대하신다.

그러면 여기에서 다루어야 할 기본 질문이 두 가지인 것으로 보인다. 첫째, 왜 성경에서 인도하심을 찾아야 하는가? 둘째, 성경을 오용하지 않으면서 어떻게 이용해야 하는가?

성경이 말하는 것이 하나님이 말씀하시는 것이다

하나님은 존재하시며 그분은 침묵하지 않으신다. 하나님의 뜻은 인간의 언어로 계시된다. 내 숨결이 목소리를 전하듯이 하나님의 생각은 그분의 뜻을 정확하게 전하는 실제 말의 형태로, 그분의 숨결을 통해 우리에게 찾아온다(딤후 3:16-17). 성경이 말하는 것이 하나님이 말씀하시는 것이다. 성경은 하나님이 우리가 무엇을 믿고 무엇을 행하기를 바라시는지 들려준다. 방향을 알려 준다는 다른 모든 수단이 성경 앞에서는 무색해져야 한다.

하나님이 우리에게 알리시고자 하는 것이 전부 성경에 있다고 확신할 수 있다. 베드로는 우리에게 이렇게 들려준다.

> 그의 신기한 능력으로 생명과 경건에 속한 모든 것을 우리에게 주셨으니 이는 자기의 영광과 덕으로써 우리를 부르신 이를 앎으로 말미암으라 이로써 그 보배롭고 지극히 큰 약속을 우리에게 주사 이 약속으로 말미암아 너희가 정욕 때문에 세상에서 썩어질 것을 피하여 신성한 성품에 참여하는 자가 되게 하려 하셨느니라(벧후 1:3-4).

하나님을 기쁘시게 하는 삶(경건한 삶)은 그분을 앎으로 말미암는다. 성경은 우리가 그와 같은 삶을 살아가는 데 필요한 모든 것을 우리에게 제공한다. 이러한 앎은 그분의 "보배롭고 지극히 큰 약속"을 통해서 우리에게 온다. 그리고 당연히 이 약속은 성경을 통해서 우리에게 온다. 성경은 우리가 "온전하여 모든 선한 일을 행할 능력을 갖출" 수 있도록 우리를 가르치고 책망하고 바르게 하고 의로 교육한다(딤후 3:17).

성경에는 우리 인생에 대한 하나님의 완전하고 최종적인 계시가 담겨 있다. 다른 것은 아무것도 필요하지 않다. 우리는 하나님께 받은 말씀을 가감해서는 안 된다. 하나님은 우리가 알고 싶어 할 수 있는 것을 전부 알려 주지는 않으신다. "감추어진 일은 우리 하나님 여호와께 속하였거니와 나타난 일은 영원히 우리와 우리 자손에게 속하였나니 이는 우리에게 이 율법의 모든 말씀을 행하게 하심이니라"(신 29:29).

성경은 인도하심을 전하는 최고 수단이다. 흔히 우리는 생생한 느낌이나 극적인 섭리나 열린 문이 주는 확실성을 간절히 원한다. 하나님이 다른 방법으로는 계속 말씀하시지 않는다는 주장이 아니라, 하나님에게서 온 현대의 어느 '말씀'도 성경과 동등한 위치에 놓일 수 없다는 것이다. 하나님은 우리가 성경을 거스르는 어느 것도 행하거나 믿도록 절대로 인도하지 않으신다.

성경은 '전문가'용이 아니며 하나님의 모든 백성의 양식이다. 성경에 난해한 부분이 있을 수는 있지만, 하나님의 백성이라면 누구나 성경 메시지의 기본 취지를 이해할 수 있다. 우리는 성경이 우둔한 사람들을 지혜롭게 한다(시 19:7)는 것을 알기에, 성경을 자녀들에게 가르치고(신 6:6-7) 밤낮으로 묵상해야 한다(시 1:2). 가장 중요한 것은 간단한 것이고, 간단한 것은 가장 중요한 것이다.

성경을 올바로 해석하면 우리가 하나님을 기쁘시게 하려면 알아야 하는 것이 남김없이 드러난다. 그런데 여기에 문제가 있다. 성경의 기원과 성격을 정확하게 이해하고, 경건하고 겸손하게 성경에 다가가더라도, 결국은 하나님의 뜻이 아니라 자기 뜻을 따를 정도로 성경을 심각하게 오용하는 일이 전적으로 가능하다는 것이다.

존 뉴턴(John Newton)이 이렇게 충고한다.

대개 그분(하나님)은 기도에 대한 응답으로 자기 백성에게 성령님의 빛을 비추어서 인도하고 지도하시며, 성령님 덕분에 백성은 성경을 이해하고 사랑할 수 있다. 하나님 말씀은 복권처럼 사용되지 않는다. 또 제자리에서 떨어져 나왔기에 결정적인 의미가 전혀 담기지 않은, 조각나고 단편적인 내용을 우리에게 가르치게 되어 있지도 않다. 그렇지만 하나님 말씀은 판단과 애정을 조절하기에는 딱 맞는 원리와 올바른 이해를 우리에게 제공하며, 그렇게 함으로써 우리 행동에 영향을 미치고 방향을 제시할 수 있다.[1]

성경은 휴대용 인생 상담사도, 우리 삶의 모든 세세한 부분을 보여 주는 세밀한 청사진도, 반드시 당첨되는 경품 뽑기도 아니다.

그렇다면 성경을 어떻게 사용해야 하는가?

하나님께 귀 기울이기

성경에서 하나님의 뜻을 발견하고 싶다면 하나님이 우리에게 말씀하실 시간을 드려야 한다. 성경 연구에서는 정규 해석 규정을 존중해야 한다.[2] "성경은 관련 없는 문서의 선집이 아니라 누적된 역사적 계시다."[3]

거기에 더해, 우리는 하나님의 말씀을 묵상해야 한다.

> 이 율법책을 네 입에서 떠나지 말게 하며 주야로 그것을 묵상하여 그 안에 기록된 대로 다 지켜 행하라 그리하면 네 길이 평탄하게 될 것이며 네가 형통하리라(수 1:8).

묵상은 마음을 비운다는 뜻이 아니다. 우리 마음을 성경 말씀으로 채운다는 뜻이고, 읽은 내용의 뜻을 생각하고 기도할 때 그 말씀을 거듭거듭 곰곰이 생각한다는 뜻이다.

너나없이 우리에게는 구체적으로 묻고 싶은 질문이 있다. 그렇지만 성경은 일반적인 말만 하는 것으로 보인다. 우리가 결혼해야 하는 사람의 이름이나 직업상 우리가 따라갈 진로는 알려 주지 않는다. 그러면 우리는 어떻게 해야 하는가?

세 가지를 제안하겠다.

1. 하나님의 광대한 계획에 대한 지식

성경은 세상을 향하신 하나님의 목적을 계시해 주어서 우리가 현명하게 결정을 내리도록 도와준다.

인도하심에서 아주 큰 난제 중 하나는 자아(ego)라는 보잘것없고 작은 독방에서 탈출하려는 시도다. 죄는 우리가 자기 쪽으로 휘어진다는 뜻이다. 우리는 각자의 필요와 욕구의 지배를 받는다. 중요한 결정에 직면하면 우리는 자신의 계획과 안위와 이기적인 야망에 끌려간다. 세상이 자기를 중심으로 돌아간다고 생각한다. 성경에서 하나님은 우리가 제자리로 되돌아가도록 끌어당기신다. 세상과 교회와 우리 인생에 대한 그분의 광대한 계획이 무엇인지 우리에게 일깨워 주신다. 정작 중요한 것은 나와 내가 원하는 것이 아니다. 하나님의 원대한 계획을 이해하면 우리의 의사 결정에 급격한 변화가 일어날 것이다. 하나님의 계획은 우리가 흔히 던지는 질문에 이의를 제기하고 우리에게 낯선 질문을 연달아 부어 줄 것이다.

다음과 같은 질문은 그만하자.

- 이것이 내게 어떻게 영향을 미치는가?
- 이것이 내 자존감에 어떻게 도움이 되는가?
- 나는 어떻게 하면 고통을 피하고 안위를 찾을 수 있는가?

대신 이러한 질문을 시작하자.

- 이것이 하나님의 세상을 향한 그분의 계획과 어떻게 조화되는가?
- 하나님을 가장 기쁘시게 하는 것이 무엇인가?

- 하나님을 영화롭게 하는 것이 무엇인가?

그런데 하나님의 광대한 계획이 무엇인가? 그 큰 그림은 무엇인가?
하나님은 예수님을 닮아 가는 사람들로 구성된 가정을 세우시는 중이다. "하나님이 미리 아신 자들을 또한 그 아들의 형상을 본받게 하기 위하여 미리 정하셨으니 이는 그로 많은 형제 중에서 맏아들이 되게 하려 하심이니라"(롬 8:29).

이것이 성육신의 목적이었다. 하나님은 아담이 타락하기 전에 인류가 누리던 영광을 회복시키고자 하셨다. 예수 그리스도는 하나님의 그 목적을 성취하기 위해 혈과 육을 취하셨고 시험과 고통과 죽음을 겪으셨다.

> 그러므로 만물이 그를 위하고 또한 그로 말미암은 이가 많은 아들들을 이끌어 영광에 들어가게 하시는 일에 그들의 구원의 창시자를 고난을 통하여 온전하게 하심이 합당하도다 거룩하게 하시는 이와 거룩하게 함을 입은 자들이 다 한 근원에서 난지라 그러므로 형제라 부르시기를 부끄러워하지 아니하시고(히 2:10-11).

하나님은 그분의 교회를 세우시고 그분의 나라를 넓히시는 중이다. 예수님은 "또 내가 네게 이르노니 너는 베드로라 내가 이 반석 위에 내 교회를 세우리니 음부의 권세가 이기지 못하리라"(마 16:18)라고 약속하셨다.

역사는 하나님이 그분의 교회라는 가족을 만들어 가시는 발판이다. 우리는 그 건축 기획의 일부다.

그 외에도 하나님은 새 창조를 하시겠다고, 즉 죄가 제거되고 영광 가운데 완전해진 세상을 만드시겠다고 선포하셨다. 그 나라를 함께 누린다는 바로 그 소망 덕분에 모든 짐이 가벼워지며, 그 소망이 모든 결정을 좌우해야 한다. 우리가 하나님의 광대한 계획을 더 이해할수록, 덜 자기중심적이고 하나님을 더 영화롭게 하는 결정을 내릴 것이다. 내가 일하는 곳, 내가 시간과 돈을 쓰는 방식, 내가 출석하는 교회가 전부 하나님의 광대한 계획 아래 놓일 것이다.

> 그런즉 너희가 먹든지 마시든지 무엇을 하든지 다 하나님의 영광을 위하여 하라 유대인에게나 헬라인에게나 하나님의 교회에나 거치는 자가 되지 말고 나와 같이 모든 일에 모든 사람을 기쁘게 하여 자신의 유익을 구하지 아니하고 많은 사람의 유익을 구하여 그들로 구원을 받게 하라(고전 10:31-33).

2. 하나님의 명령

우리가 일단 하나님의 성품과 그분의 목적을 얼마간 파악하면, 그분이 성경에서 구체적으로 하시는 명령으로 넘어갈 수 있다. 성경은 우리가 하나님을 기쁘시게 하려면 알아야 하는 것과 행해야 하는 것을 빠짐없이 알려 준다. 하나님의 명령은 대부분 수정같이 분명하고 전혀 모호하지 않다.

가) 금령(禁令)

금령은 우리가 무엇을 해서는 안 되는지 알려 주는 부정 명령이다. 십계명 대부분이 이러한 형태를 취하며 우상 숭배, 신성 모독, 살인, 간음, 절도, 탐심과 같은 일을 금한다. 신약에는 금령이 더 구체적으로 나온다.

> 그런즉 거짓을 버리고 각각 그 이웃과 더불어 참된 것을 말하라 이는 우리가 서로 지체가 됨이라 분을 내어도 죄를 짓지 말며 해가 지도록 분을 품지 말고 마귀에게 틈을 주지 말라 도둑질하는 자는 다시 도둑질하지 말고 돌이켜 가난한 자에게 구제할 수 있도록 자기 손으로 수고하여 선한 일을 하라(엡 4:25-28).

이 구절에서 바울이 금지 행동에 긍정적 대안을 제시하는 것에 주목하자.

결정을 내릴 때 나는 삼가 모든 시간과 상황에서 이러한 금령을 위반하지 않도록 해야 한다. 성경에는 도덕적으로 불변의 절대 원칙이 담겨 있다. 하나님이 그 원칙들을 계시하셨으니 우리는 순종해야 한다.

그래서 이를테면 나는 아내를 버리고 이혼하고서 다른 여자와 살림을 시작하기로 결심할 수 없는데, 제7계명이 그러한 행위를 금지하기 때문이다. 나는 아무리 돈을 많이 벌 수 있는 직업이라도 자주 거짓말을 하거나 정직하지 않게 행동해야 하리라는 것을 안다면 그 일을 직업으로 삼을 수는 없다.

아주 간단하다. 나는 하나님의 새로운 말씀이나 예기치 못한 섭리나 기적으로 보이는 개입이 있다고 해서 성경의 분명한 금령을 어기는 결정은 하나라도 내려서는 안 된다. 때로는 그리스도인들이 어느 한 방향으로 하나님의 이끄심을 느끼지만 다른 방향으로 명백한 명령이 보이기 때문에 혼란스러워한다. 하나님은 모순되는 말씀을 절대로 하지 않으신다. 자신의 느낌이 하나님의 말씀과 모순된다면, 그 느낌이 틀렸다고 확신할 수 있다.

나) 명령

성경에는 우리 인생을 지도하고 우리 결정을 구체화하는 긍정적 명령도 많이 들어 있다.

예수님의 명령을 생각해 보라.

그런즉 너희는 먼저 그의 나라와 그의 의를 구하라 그리하면 이 모든 것을 너희에게 더하시리라(마 6:33).

새 계명을 너희에게 주노니 서로 사랑하라 내가 너희를 사랑한 것같이 너희도 서로 사랑하라(요 13:34).

너희는 가서 모든 민족을 제자로 삼아 아버지와 아들과 성령의 이름으로 세례를 베풀고 내가 너희에게 분부한 모든 것을 가르쳐 지키게 하라(마 28:19-20).

아니면 다음과 같은 바울의 명령을 보라.

항상 기뻐하라 쉬지 말고 기도하라 범사에 감사하라 이것이 그리스도 예수 안에서 너희를 향하신 하나님의 뜻이니라(살전 5:16-18).

주께 합당하게 행하여 범사에 기쁘시게 하고 모든 선한 일에 열매를 맺게 하[라](골 1:10).

오직 성령으로 충만함을 받으라 시와 찬송과 신령한 노래들로 서로 화답하[라](엡 5:18-19).

제럴드 싯처의 의견은 이렇다.

그러면 도대체 무엇이 하나님의 뜻인가? 하나님이 우리에게 품으신 특별하고 은밀한 계획이자 우리가 며칠이나 몇 주, 아니면 심지어 몇 년을 들여서 발견하기를 바라시는 것이 하나님의 뜻인가? 절대로 그렇지 않다. 오히려 하나님의 뜻은 술에 취하지 않는 생활, 성령님의 능력 안에서 살아가는 것, 하나님의 선하심을 찬양하고 감사하는 것으로 구성된다. 바울은 신자들이 평범한 일상에서 어떻게 처신하는지에 주로 관심이 있다.[4)]

구체적인 명령 하나를 집중해서 살펴보자. 데살로니가전서 4장 3절에 바울은 "하나님의 뜻은 이것이니 너희의 거룩함이라 곧 음란을 버리고"라고 썼다.

하반 절에 있는 금령은 아주 구체적이며, 한 남자와 한 여자의 평생의 혼인 관계에서 그 테두리를 벗어난 성행위는 어떠한 형태로든 다 금지한다. 상반 절에 있는 명령은 훨씬 더 일반적이고 전적으로 포괄적이다. 나는 무슨 결정을 내리든, 하나님이 거룩하시니 나도 거룩해야 하는 것이 하나님의 뜻임을 안다(레 11:44-45; 벧전 1:15-16). 주인이신 토기장이께서 우리 인생을 빚으시니 이 과정이 고통스러울 수 있지만, 살면서 겪는 그러한 곤경은 토기장이의 솜씨다. 결정을 놓고서 고심하거나 실수를 통해 배우는 것도 우리의 성품을 변하게 하려는 더 큰 목적 안에 있다.

이것이 실제로는 무슨 의미인가? 성령님의 능력으로 우리는 예수 그리스도를 닮은 모습으로 변하는 중이다. 그리스도 안에서 우리는 하나님이 진정 어떠한 분인지를 보며, 인간이 어떠한 모습이어야 했는지를 본다. 성경은 우리의 결정과 바람이 전적으로 그리스도를 닮아 가기를 요구한다. 예수님을 닮은 모습으로 변하는 것이 우리 인생에 대한 하나님의 궁극적 목표다.

아래의 다섯 가지 명령을 생각해 보자.

사랑. 에베소서 5장 1-2절: "그러므로 사랑을 받는 자녀같이 너희는 하나님을 본받는 자가 되고 그리스도께서 너희를 사랑하신 것같이 너희도 사랑 가운데서 행하라 그는 우리를 위하여 자신을 버리사 향기로운 제물과 희생 제물로 하나님께 드리셨느니라."

용서. 골로새서 3장 13절: "누가 누구에게 불만이 있거든 서로 용납하여 피차 용서하되 주께서 너희를 용서하신 것같이 너희도 그리하고."

인내. 히브리서 12장 2-3절: "믿음의 주요 또 온전하게 하시는 이인 예수를 바라보자 그는 그 앞에 있는 기쁨을 위하여 십자가를 참으사 부끄러움을 개의치 아니하시더니 하나님 보좌 우편에 앉으셨느니라 너희가 피곤하여 낙심하지 않기 위하여 죄인들이 이같이 자기에게 거역한 일을 참으신 이를 생각하라."

관대함. 고린도후서 8장 7, 9절: "오직 너희는 믿음과 말과 지식과 모든 간절함과 우리를 사랑하는 이 모든 일에 풍성한 것같이 이 은혜에도 풍성하게 할지니라… 우리 주 예수 그리스도의 은혜를 너희가 알거니와 부요하신 이로서 너희를 위하여 가난하게 되심은 그의 가난함으로 말미암아 너희를 부요하게 하려 하심이라."

겸손. 빌립보서 2장 5-7절 상반 절: "너희 안에 이 마음을 품으라 곧 그리스도 예수의 마음이니 그는 근본 하나님의 본체시나 하나님과 동등 됨을 취할 것으로 여기지 아니하시고 오히려 자기를 비워…."

우리가 그리스도께 마음이 사로잡혔다면, 그분을 닮고자 하는 열망으로 빚어낸 결정을 하고자 할 것이다. 나는 이 일자리를 잡아야 하는가? 어느 교회에 등록해야 하는가? 돈을 어떻게 써야 하는가? 이러한 결정을 일일이 숙고할 때 예수님처럼 생각하고 행동하려는 열망이 나를 압박한다. 내 결정에는 위에서 서술한 자질이 특징적으로 나타나야 한다.

이러한 명령을 생각할 때 우선순위를 정할 필요가 있다. 그중에는 거룩함이나 하나님의 나라를 구하는 것처럼 늘 지킬 수 있는 명령이 있을 것이다. 하지만 더 구체적인 명령일 때는 어떠한가? 실제 예를 생각해 보자. 성경의 명령에 따르면 나는 그리스도인으로서 하나님의 백성과 함께해야 한다(히 10:24-25). 나는 아버지로서 내 아이들을 노엽게 하지 말아야 한다(엡 6:4). 저녁에 귀가했을 때 나는 그리스도인의 교제에 대한 명령에 순종하기 위해 가정 모임에 갈 계획이었다고 하자. 그런데 아들이 정말로 힘든 하루를 보냈기에 아빠와 함께 있을 시간이 필요하다. 내가 다른 모임에 간다면 아들이 몹시 화를 낼 것이다. 이런 상황에서는 우선순위를 바탕으로 결정해야 한다. 여기에는 지혜와 분별력이 필요하다. 5장에서 살펴보겠지만, 성경은 우리가 그러한 자질을 기르는 것을 도와주겠다고 약속한다.

3. 자유의 문제

명령도 금령도 없는 경우에는 어떻게 하는가?

대다수 결정은 자유의 문제다. 도덕적으로 중립인 것이다. 이러한 상황에서는 똑같이 훌륭한 여러 대안 중에서 마음껏 선택할 수 있다.

예를 들어, 버밍엄이나 브래드퍼드 중 한 곳에서 교편을 잡는 것은 지혜로운 판단이다. 아무 명령도 어기지 않거나 아무 금령도 무시하지 않는다면 마음대로 선택해도 된다. 한 선택이 다른 선택보다 지혜로울 수 있으므로 내가 수집할 수 있는 모든 자료를 토대로 정보를 갖추고서 결정을 내려야 하지만, 어느 선택도 성경에서 명령하거나 금지하지 않으니 하나님은 내가 상식을 이용해서 택하기를 기대하신다.

이 지점에서 바울이 우리를 도와준다. 바울은 도덕적으로 중립인 결정과 관련해서 두 가지를 질문하라고 한다.

가) 이 선택이 유익한가?
모든 것이 내게 가하나 다 유익한 것이 아니요(고전 6:12).

어떠한 행동은 그 자체로는 잘못이 없을 수 있지만, 그리스도인이 성장하고 성숙하게 하지 않는다. 중요한 직책을 맡는 것이 금지되어 있지는 않고 내가 그리스도인으로서 건전한 영향력을 발휘할 수 있는 자리일 수 있다. 그러나 너무나 부담이 큰 직책이라 내가 하나님과 인격적 관계를 맺는 데 소홀해지고 하나님과 멀어지기 시작한다면? 우리는 자기 자신에 대해 알아야 한다. 압박을 받으면 더 성장하고 의지력이 강해서 결코 기도를 게을리하지 않을 사람도 있을 수 있다. 하지만 나라면 영적인 삶에서 처참한 결과를 겪으며 고전할 것이다. 그 일을 맡는 것이 내게는 유익하지 않을 것이다.

이 지점에서 인도하심은 자신에 대한 인식과 하나님을 기쁘시게 하려는 열망이라는 틀 안에 있는, 성화된 상식에 관한 문제가 된다. 사람들이 내리는 결론은 십인십색이다. 나는 웨스트 브로미치 앨비언(West Bromwich Albion, 영국 웨스트 브로미치를 연고로 하는 영국 프로 축구 구단—역주)의 경기 관람을 위해 시즌 티켓을 사야 하는가? 그렇게 하면 나는 긴장이 풀릴 테고, 기독교인이 아닌 사람들을 많이 만날 수도 있다. 둘 다 좋은 일이다. 하지만 내가 거기에 휘둘리기 시작하면 어떻겠는가? 내가 감정 기복을 겪거나 축구가 마음의 우상이 되면 어떻겠는가? 우상은 무너뜨려야 한다. 당신에게는 괜찮은 것이 내게는 괜찮지 않을 수 있다.

나) 이 선택에 사랑이 깃들어 있는가?

고린도전서 8장에서 바울은 우상에게 바쳤던 고기를 먹는 문제를 다룬다. 바울이 보기에 우상은 아무것도 아니기 때문에 이것은 도덕적으로 중립인 쟁점이다(고전 8:1-6). 그러나 모두가 의견이 같지는 않으므로, 바울은 다른 사람이 실족하여 죄를 짓게 할 수 있는 일은 (자유라는 미명으로라도) 아무것도 하지 않을 것이다.

> 그런즉 너희의 자유가 믿음이 약한 자들에게 걸려 넘어지게 하는 것이 되지 않도록 조심하라 지식 있는 네가 우상의 집에 앉아 먹는 것을 누구든지 보면 그 믿음이 약한 자들의 양심이 담력을 얻어 우상의 제물을 먹게 되지 않겠느냐 그러면 네 지식으로 그 믿음이 약한

자가 멸망하나니 그는 그리스도께서 위하여 죽으신 형제라 이같이 너희가 형제에게 죄를 지어 그 약한 양심을 상하게 하는 것이 곧 그리스도에게 죄를 짓는 것이니라 그러므로 만일 음식이 내 형제를 실족하게 한다면 나는 영원히 고기를 먹지 아니하여 내 형제를 실족하지 않게 하리라(고전 8:9-13).

인간은 아무도 섬이 아니다. 우리는 홀로 자력으로 살아가지 않는다. 내 행동이 다른 사람에게 부정적인 영향을 미쳐서 실족하게 할 수 있다. 내 이웃을 사랑하는 것이 내 자유보다 더 중요하다.

우리는 그리스도인이기에 우리의 뜻이 성경에 있는 하나님의 뜻을 따르게 하고자 한다. 이 장에서 인도하심에 관한 주요 적용은 아주 간단하다. 바로 하나님은 그분의 뜻에 반하는 쪽으로는 결코 우리를 인도하지 않으신다는 것이다. 결단코 그러지 않으신다! 성령님은 언제나 일관성이 있으시며 그분의 감동으로 기록된 책에서 빗나가지 않으신다. 지금은 확실한 방향 제시에는 의문을 품으면서 우리 질문에 남김없이 답을 줄 방편이 우리 속에 있다고 말하는 듯한 시대이지만, 성경은 방향을 뚜렷하게 지시한다. 동시에 하나님은 우리가 겸손과 기도와 성화된 이성으로 인도하심에 다가가기를 기대하신다. 인도하심은 우리가 처음에 다룬 일종의 경품 뽑기와는 아주 거리가 멀다. 성경에서 하나님은 우리에게 다가오셔서 "이것이 바른길이니 너희는 이리로 가라"(사 30:21) 하고 말씀하신다.

'하나님은 성경을 통해 우리를 인도하신다' 핵심 내용

❶ 성경이 신뢰할 수 있고 포괄적이고 이해하기 쉽다는 것을 인정하라. 하나님은 우리가 그분을 기쁘시게 하는 결정을 내리는 데 필요한 것을 성경에서 빠짐없이 말씀해 주신다.
❷ 성경이 하나님의 성품을 계시해 주므로 우리는 결정을 내릴 때 그분의 성품을 묵상해야 한다.
❸ 성경이 하나님의 계획을 계시해 주므로 우리는 결정을 내릴 때 그분의 계획을 묵상해야 한다.
❹ 어느 결정도 성경의 확실한 금령을 위반해서는 안 된다.
❺ 결정을 내릴 때 늘 성경의 명령을 따르고자 해야 하지만, 순종의 우선순위를 정해야 할 때도 있다.
❻ 자유의 문제에 있어서는 어떤 특정 행동이 유익한지, 그 행동에 사랑이 깃들어 있는지 질문해야 한다.

생 각 하 기

1. 우리가 어떠한 식으로 성경을 오용할 가능성이 있는가? 그러한 방식이 왜 위험한가? 어떻게 하면 그러한 오용을 피할 수 있는가?

2. 세상을 향한 하나님의 '광대한 계획'은 무엇인가? 우리는 어느 지점에서 그 광대한 계획에 끼어드는가? 그 계획이 우리의 선택과 결정에 어떻게 영향을 미쳐야 하는가?

3. '하나님의 명령'이라고 제목을 붙인 단락에서 예수님의 삶에 나타난 특징 다섯 가지를 간략히 서술했다. 그 다섯 가지 특징을 살펴보라. 이러한 특징이 그 단락에서 언급하는 다음의 세 가지 결정에 어떻게 영향을 미치겠는가? "이 일자

리를 잡아야 하는가?" "어느 교회에 등록해야 하는가?" "돈을 어떻게 써야 하는가?"

4. 바로 지금 자신이 직면한 결정을 생각해 보라. 당신의 선택 결과에 영향을 미칠 내용이 이번 장에 있는가?

Invest
Your
Future

원리 2
하나님은
성령님을 보내
우리를
인도하신다

03 성령님께 이끌려

하나님이 개입하실 때

레이먼드 에드먼(Raymond Edman)이라는 젊은 선교사가 비틀거리며 에콰도르의 정글에서 나왔다. 에드먼은 중태에 빠졌고, 의사는 회복할 가망이 거의 없다고 했다. 열대 지방에서는 장례식을 득달같이 치르는 까닭에 젊은 아내는 웨딩드레스를 검게 염색하여 피할 수 없는 일을 맞이할 준비를 했다. 수천 킬로미터 떨어진 보스턴에서는 에드먼의 친구 조셉 에반스(Joseph Evans)가 기도회 중이었다. 기도 중에 에반스는 불현듯 에드먼을 위해 기도해야 한다는 강렬한 부담감에 휩싸였다. 그 느낌이 떨쳐 버릴 수 없을 정도로 강렬해서 기도회를 중단하고 자기 걱정거리를 나누었다.

모임 사람들이 에드먼을 위해 간절히 기도했다. 시간이 어느 정도

흐른 후에 에반스는 기도가 응답받았음을 감지했다. "주님을 찬양하라! 승리했습니다!"

온갖 어려움이 있었지만 에드먼은 건강을 회복했다. 이어서 일리노이주 휘튼대학의 제4대 총장이 되었고 '빌리 그레이엄 전도협회'(Billy Graham Evangelistic Association) 수석 부회장이 되었다.[1]

다들 이와 비슷한 이야기를 들은 적이 있을 것이다. 우리 중에는 그러한 이야기에 관여해 본 사람도 많다. 이러한 초자연적 개입을 거의 일상적으로 경험하는 것처럼 말하는 사람도 있다.

이것을 어떻게 이해해야 하는가? 하나님은 일반적으로 이러한 방식으로 인도하시는가? 다름 아닌 바로 이것이 어느 사람이 하늘과 연결된 핫라인이 있을 정도로 성령님과 밀접한 관계를 맺게 해 주는 특별한 영성의 표지인가? 아니면 공상에 불과한가? 하나님이나 마귀에게서 비롯된 일인가, 아니면 인간적 해석일 뿐인가? 호르몬 균형이나 불면증이나 약물 치료의 결과인가, 아니면 잠자리에 들 시간에 치즈를 너무 많이 먹은 결과인가?

우리에게는 성령님의 인도하심이 필요하다. 그러한 간구로 시작하는 찬양이 있다.

오소서, 은혜의 성령님, 하늘의 비둘기시여,
하나님이 베푸시는 빛과 위로와 함께 오소서.
우리의 보호자, 우리의 인도자 되셔서
모든 생각과 발걸음을 다스리소서.[2]

이 찬양의 지은이는 성령님이 하시는 일 중에는 우리의 보호자와 인도자가 되어 주시는 것도 있음을 인정한다. 성령님은 우리가 어리석게 내린 결정의 결과에 영향을 받지 않도록 우리를 보호하시고 우리 발걸음을 하나님의 길로 인도하신다. 목자이신 하나님은 그분의 양 떼를 인도하겠다고 언약을 맺으시고 양 떼가 잘못하여 위험한 길로 들어서면 양 떼를 찾아 다시 데려오겠다고 약속하신다. 목자이신 하나님의 음성이 성령님의 음성이다. 양들은 목자의 음성을 안다.

> 문으로 들어가는 이는 양의 목자라 문지기는 그를 위하여 문을 열고 양은 그의 음성을 듣나니 그가 자기 양의 이름을 각각 불러 인도하여 내느니라 자기 양을 다 내놓은 후에 앞서가면 양들이 그의 음성을 아는 고로 따라오되(요 10:2-4).

이 장에서 우리 앞에 놓인 질문은, 그 목자의 음성을 우리가 어떻게 알아차릴 수 있느냐는 것이다. 그 음성은 앞에서 서술한 것과 같은 '내면에서 들리는 조언'과 동일한 것인가, 아니면 어딘가 다른 곳에 있는가? 성령님이 우리에게 초자연적으로 말씀하셔서 알려 주시는가, 아니면 누군가에게 말씀하셔서 우리에게 전달하시는가? 우리보다 성령님과 더 친밀한 교회 지도자가 있어서 그 사람에게 우리를 영적으로 지도해 달라고 해야 하는가?

이 장에서는 성령님이 우리를 인도하시는 여러 방법을 살펴보고자 한다.

성령님에 대해 알기

우선 성령님의 정체를 명확하게 이해할 필요가 있다.

성령은 성삼위일체 중 셋째 위격이다. 성경은 성령이 하나님의 인격임을 분명하게 밝힌다. 성령은 그분의 신성으로 성부와 성자와 동일하게, 영원히 함께 존재하신다. 성령은 어떠한 힘이나 능력이 아니며 삼위의 나머지 두 위격과 인격적 특징을 공유하신다. 성령께서는 결심하시고 계획하시며 말씀하시고 행하신다. 삼위 하나님 중 한 분이기에 성령님을 모독하거나(막 3:29) 거스르거나(행 7:51) 소멸할 수 있다(살전 5:19).

예수님은 성령님이 우리를 모든 진리 가운데 인도하시리라고 약속하셨다. 성령님이 특별히 하시는 역할은 우리를 인도하셔서 우리가 하나님의 뜻을 알고 행하도록 권능을 주시는 것이다. 따라서 우리가 인도하심에 대해 생각할 때 성령님은 지극히 중요한 역할을 하신다. 또 인격적인 분이므로 우리는 반드시 성령님과 관계를 쌓아 가야 한다. 에베소서에서 바울은 이렇게 적는다.

> 무릇 더러운 말은 너희 입 밖에도 내지 말고 오직 덕을 세우는 데 소용되는 대로 선한 말을 하여 듣는 자들에게 은혜를 끼치게 하라 하나님의 성령을 근심하게 하지 말라 그 안에서 너희가 구원의 날까지 인치심을 받았느니라 너희는 모든 악독과 노함과 분냄과 떠드는 것과 비방하는 것을 모든 악의와 함께 버리고(엡 4:29-31).

바울은 우리의 말(4:29)과 마음 자세에 관해 경고한다. 바울은 이러한 경고의 명령 사이에 성령님을 근심하게 하지 말라는 명령을 놓는다. '근심하다'는 사랑을 표현하는 단어로, 성령이 일종의 힘이나 사물이 아니라 하나의 위격임을 상기시킨다. 우리는 성령님이 들려주시는 조언에 민감해야 하고 성경에서 성령님이 지도하시는 대로 따라야 한다. 성령님은 거룩하시므로 우리가 정결하지 않으면 근심하신다. 성령님은 자비하시므로 우리가 원한을 품든지 용서하지 않든지 한다면 슬퍼하신다. 성령님은 진리의 영이시므로 우리의 위선과 허위에 고통스러워하신다. 성령님이 우리에게 성경과 반대되는 일을 하라고 말씀하셨다고 주장하면서 우리가 성령님과 성경이 맞붙어 싸우게 할 때마다 성령님은 괴로워하신다. 우리가 성령님의 감동으로 기록된 책을 존중한다면 곧 성령님을 존중하는 것이다. 우리가 성령의 사역은 그리스도를 영광스럽게 하는 데 초점이 있음을 깨닫지 못할 때도 성령님은 근심하신다(요 16:13-14).

제임스 패커는 이것을 다음과 같이 표현한다.

이것은 마치 예수님이 우리와 마주 보고 계시는데 성령님이 우리 뒤에 서서 우리 어깨 너머로 빛을 비추시는 것과 같다. 성령은 우리에게 "나를 바라보라, 내게 귀 기울이라, 내게로 오라, 나를 알아 가라."라는 메시지는 결코 보내지 않으신다. 대신 우리에게 언제나 "그분을 바라보라, 그분의 영광을 보라, 그분께 귀 기울여 말씀을 들으라, 그분께 가서 생명을 누리라, 그분을 알아 가고 그분이 주시는 기쁨과 평안의 선물을 만끽하라." 하신다. 말하자면 성령은 중매쟁이이자 천국 혼인의 중개자로 우리와 그리스도가 하나 되어 계속 함께 하게 하는 역할을 하신다.[3]

우리가 그리스도께 영광을 돌릴 때 성령님을 높이는 것이며, 우리가 그렇게 할 때 성령님은 우리를 변화시켜 그리스도를 닮게 하신다.

인도하심은 결정을 내리는 것 정도가 아니라 하나님을 알아 가는 것에 관한 것이다. 인도하심에는 본래 관계성이 나타나며 하나님의 뜻을 알고자 한다면 먼저 하나님과의 관계가 발전해야 한다. 그래서 결정을 내리는 과정에서 하나님의 도우심을 구하는 문제에 관해서라면, 성령님과 건강한 관계를 쌓아 가는 중인지 확인해야 한다. 이것은 알려진 죄를 전부 고백하고 성경에 있는 말씀에 마음 다해 순종한다는 뜻이다. 우리가 성령님이 들려주시는 조언에 순종하며 살아가면 그분이 우리의 길을 지도하신다.

그런데 성령님이 우리의 길을 어떻게 지도하시는가?

성령님과 말씀

나는 결혼식 주례하기를 정말 좋아한다. 나로서는 젊은 부부가 혼인 서약을 마치고 하객 앞에서 입맞춤할 자세를 취할 때가 가장 엄숙하고도 기쁜 순간이다. 성직자로서 나는 일부러 뜸을 들이고서 회중 쪽을 바라보며 "그러므로 하나님이 짝지어 주신 것을 사람이 나누지 못할지니라" 하고 선언한다.

두 사람이 하나가 되었다. 이제 곧 한 몸이 된다. 서로가 서로에게 속한다. 이들의 결혼 생활을 방해한다면 하나님의 계획과 목적을 방해하는 것이다. 그러지 말라!

성령과 말씀에 대해서도 마찬가지다. 성령과 말씀은 서로에게 속한다.

우리가 이미 보았듯이 우리의 인도하심 대부분은 성경을 통해서 온다. 성령님과 말씀은 서로 친밀한 관계다. 이것을 네 부분으로 나누어서 생각해 볼 수 있다.

1. 성령님은 말씀을 기록하셨다

성경의 하나님은 말씀하시는 하나님이다(창 1:3, 6, 9, 11, 14, 20, 24, 26, 29; 시 33:6). 하나님은 자기 말씀의 능력으로 세상을 창조하셨다. 우주는 설교의 결실이다! 예수 그리스도는 하나님의 최종 말씀이시다(히 1:1-2). 성경에서 하나님은 우리가 그분 음성을 확실하게 들을 수 있을 정도로 직접적으로, 개인적으로 말씀하신다. 성경은 하나님의 말씀이다(막 7:13; 롬 10:17; 히 4:12; 살전 2:13).

성경은 하나님이 입 밖으로 말씀하신 결과다. 하나님이 말해 주신 것은 바로 이 말씀이지 단순히 개념이나 메시지의 보편적 정신이 아니다. 그래서 성경을 읽을 때 우리는 하나님 음성을 듣고 있다고 확신할 수 있다.

예수님은 "보혜사 곧 아버지께서 내 이름으로 보내실 성령 그가 너희에게 모든 것을 가르치고 내가 너희에게 말한 모든 것을 생각나게 하리라"(요 14:26)라고 말씀하시며 성령님이 제자들을 모든 진리로 이끄는 보혜사 역할을 하실 것을 약속하셨다. 또 이러한 약속도 하셨다.

> 그러나 진리의 성령이 오시면 그가 너희를 모든 진리 가운데로 인도하시리니 그가 스스로 말하지 않고 오직 들은 것을 말하며 장래 일을 너희에게 알리시리라(요 16:13).

이것이 모든 그리스도인에게 포괄적으로 통하는 약속은 아니다. 이는 특별히 사도들이 받은 약속으로서, 그들이 신약을 저술하게 될 때 성령님의 인도하심을 경험하리라는 보증이다. 성경은 하늘에서 그냥 뚝 떨어지지 않았다. 자동필기 방식으로 받아쓰기한 책도 아니다. 성령님이 영감의 과정에서 특별한 역할을 하셨다. "예언은 언제든지 사람의 뜻으로 낸 것이 아니요 오직 성령의 감동하심을 받은 사람들이 하나님께 받아 말한 것임이라"(벧후 1:21).

여기에서 "감동하심을 받은"에 쓰인 단어가 사도행전에서는 배를 이동시키는 바람을 서술하는 데 쓰인다(행 27:15, 17). 바람이 배를 움직이듯이 성령님이 인간 저자들을 인도하셔서 그들이 기록한 원본에 오류가 없게 하셨다. 성경이 믿을 만한 이유가 바로 이것이다.

인도하심이라는 주제에 대해서 이것이 어떠한 의미를 지니는가?

성령님은 결코 성경과 모순되지 않으시다. 그러는 법이 절대로 없으시다. 성령님이 우리에게 직접 말씀하셨다는 말이 아주 경건하게 들릴 수도 있다. 성령님은 하나님이시니 우리가 그분을 예배하지만, 성경은 하나님이 아니므로 경배의 대상이 아니다. 기록된 말씀과 현시대에 개인적으로 체험한 말씀 중에서 하나를 고르라면 틀림없이 우리는 체험한 말씀을 택할 것이다. 그러나 이것은 잘못된 이분법이다. 우리가 말씀을 존중할 때 성령님도 존중하는 것이다. 말씀을 신뢰할 때 성령님도 신뢰하는 것이다.

2. 성령님은 말씀을 조명해 주신다

성령님은 우리가 성경을 이해하고 우리 삶에 적용할 수 있도록 성경을 조명해 주신다. 인도하심에 관해서 말하자면, 성령님은 우리가 앞에 놓인 결정에 관해서 성경의 의미를 파악할 수 있게 해 주신다. 세상에 계시는 동안 예수님이 친히 이 역할을 이행하셨다. "모세와 모든 선지자의 글로 시작하여 모든 성경에 쓴 바 자기에 관한 것을 자세히 설명하시니라"(눅 24:27).

오순절 이후로는 바로 성령님이 이 역할을 이행하신다. "하나님께서 우리에게 은혜로 주신 것들을 알게 하려"(고전 2:12) 성령님을 우리에게 주셨다. 그러므로 우리가 믿으면서 부지런히 성령님의 조명을 구해야 한다는 결론이 나온다. 이러한 모습이 바울의 기도에서 자주 보인다. 이를테면 에베소서 1장에서 바울은 이렇게 기도한다.

> 우리 주 예수 그리스도의 하나님, 영광의 아버지께서 지혜와 계시의 영을 너희에게 주사 하나님을 알게 하시고 너희 마음의 눈을 밝히사

그의 부르심의 소망이 무엇이며 성도 안에서 그 기업의 영광의 풍성함이 무엇이며… 믿는 우리에게 베푸신 능력의 지극히 크심이 어떠한 것을 너희로 알게 하시기를 구하노라(엡 1:17-19).

바로 이 지혜와 계시의 성령님이 우리 마음의 눈을 밝히셔서 우리가 소망과 기업과 하나님의 능력을 이해할 수 있게 하신다.

성령님은 런던탑에서 관람객을 왕관 보석 앞으로 데리고 가서 그 값어치를 설명해 주는 안내원과 비슷하다. 차이가 있다면 그 보물이 그리스도 안에서 우리 것이라는 사실이다! 성령님이 그 보물 꾸러미를 끄르시면 우리의 결정에 영향을 막강하게 끼친다.

성령의 조명하심은 우리와 하나님의 관계에 좌우된다. 그러한 까닭에 우리의 성경 이해가 죄 때문에 가로막힐 수 있다. 죄는 성령님을 근심하시게 해서 우리와 성령님의 관계를 방해한다. 죄는 우리로 하여금 성경에 나오는 성령님의 음성을 무시하게 한다. 무시하면 할수록 우리 귀는 점점 더 어두워진다. 그러니 성령님이 그분 말씀의 능력으로 우리 삶을 빚어 가실 수 있게 해야 한다.

3. 성령님은 말씀을 사용하신다

성경은 "성령의 검"이다(엡 6:17). 성령님은 우리 삶을 변화시키는 데 말씀을 사용하신다. 말씀은 성령님이 우리 영혼을 수술하실 때 손에 들고 계시는 외과 의사의 메스다.

하나님의 말씀은 살아 있고 활력이 있어 좌우에 날 선 어떤 검보다도 예리하여 혼과 영과 및 관절과 골수를 찔러 쪼개기까지 하며 또 마음의 생각과 뜻을 판단하나니 지으신 것이 하나도 그 앞에 나타나지 않음이 없고 우리의 결산을 받으실 이의 눈앞에 만물이 벌거벗은 것같이 드러나느니라(히 4:12-13).

말씀은 우리 영혼을 찌르고 동기를 판단한다. 핵심을 갈라서 우리 생각과 의도를 확인할 수 있다. 좋은 메스는 날카롭다. 메스가 날카로우면 설령 흉터가 남더라도 거의 남지 않게 절개를 할 수 있다. 같은 방식으로 하나님의 말씀이 우리에게서 하나님의 것이 아닌 것을 도려내게 한다면, 통증은 있겠지만 흉터는 남지 않을 것이다.

에베소서 1장 17절에서 바울은 성령님을 "지혜와 계시의 영"이라고 밝힌다. 성령님은 우리의 이해력을 넓히셔서 우리가 하나님을 알 수 있고 우리 기업의 본질을 파악하게 하신다. 격렬하게 살아가는 일상에서 하나님이 어떤 분인지 잊기가 너무 쉽다. 성령님은 우리가 하나님을 더 잘 알도록 도우신다. 그러면 우리는 믿음이 깊어지고 하나님이 함께하심을 더 예민하게 자각하기 마련이다. 하나님은 내 인생에 관심이 있으시니(시 8:3-4; 마 10:29-31) 나는 그분의 주권적 뜻에 복종해야 한다(약 4:15; 벧전 3:17).

성령님은 우리가 받을 기업을 보게 하고 소망의 실재를 보게도 도우신다.

> 우리가 잠시 받는 환난의 경한 것이 지극히 크고 영원한 영광의 중한 것을 우리에게 이루게 함이니 우리가 주목하는 것은 보이는 것이 아니요 보이지 않는 것이니 보이는 것은 잠깐이요 보이지 않는 것은 영원함이라(고후 4:17-18).

이러한 고려 사항이 우리가 결정을 내릴 때 얼마나 강력하게 영향을 미치는지 보이는가?

4. 성령님은 확신을 주신다

성령님이 아주 강력하게, 거부할 수 없을 정도로 개인적으로 성경 말씀을 통해서 우리에게 주권적으로 말씀하실 때도 있다.

하나님이 그처럼 단호히, 개인적으로 말씀하시겠다고 확약하신 적은 없지만, 때로는 그런 식으로 말씀하신다. 그 말씀은 우리가 선택해서 가는 쪽에서 우리와 동행하시겠다고 위로하고 약속하시는 말씀일 수 있다. 우리가 가는 길에서 멈추도록 책망하시는 말씀일 수도 있다. 우리는 하나님 말씀을 오용하지 않을지 하는 두려움 때문에 하나님이 우리 마음에 직접적이고 개인적으로 말씀하실 수도 있다는 가능성을 무시해서는 절대로 안 된다.

개인적인 사례를 하나 더 들어 보겠다. 내 취임 예배 때 우리 레스 콜리(Les Coley) 목사님은 사도행전 20장 17-38절을 본문으로 해서 바울이 에베소 장로들에게 전한 고별인사를 말씀하셨다. 목사님은 강해 중에 24절을 읽으셨다. "내가 달려갈 길과 주 예수께 받은 사명 곧 하나님의 은혜의 복음을 증언하는 일을 마치려 함에는 나의 생명조차 조금도 귀한 것으로 여기지 아니하노라."

목사님은 그 지점에서 설교단 너머로 몸을 굽히시더니 내게 직접 말씀하셨다. "앞으로 격려도 많이 받겠지만 낙심하게 하는 말도 많이 들을 겁니다. 여기에 하나님이 당신에게 주시는 말씀이 있습니다. 계속 나아가십시오. 포기하지 마십시오. 달려갈 길을 다 달리십시오. 복음을 계속 설교하시기를 바랍니다."

나는 그 순간 전율을 느끼면서 내 인생에 대한 하나님의 말씀을 들었다는 확신이 들었다. 나는 그 말씀을 나이나 상황 때문에 설교를 못할 때가 절대 없을 것이라는 뜻으로 받아들인 적이 없었다. 그 말씀은 무조건적 약속이 아니다. 그렇지만 지난 40년 동안 나는 그 말씀 덕분에 내 소명을 확신하면서 계속 이어 갈 수 있었다.

목회 10년 차에 접어들었을 때 아내가 몹시 아팠는데 알고 보니 다발경화증이었다. 하나님의 성령님이 내 마음에 "하나님께서 하시는 일은 흠도 없다"(새번역)라는 시편 18편 30절을 들려주셨다.

그 말씀은 "주님께서 하시는 말씀은 티도 없다. 주님께로 피하여 오는 사람에게 방패가 되어 주신다"라고 이어지는 그 성구에서 일부분에 불과했다.

내가 그 몇 단어에서 받은 위로는 지금도 말로 표현할 수가 없다. 하나님이 나를 그분 품에 꼭 껴안아 주시면서 아내와 내가 앞으로도 그분을 믿어도 된다는 확신을 주고 계심을 딱 알았다. 성령님은 위로자(Comforter, 개역개정에서는 '보혜사'–역주)이시니 우리가 하나님께 영광을 돌

리는 결정을 내리고자 할 때 우리는 그분이 함께하시며 우리에게 조언을 들려주신다고 확신할 수 있다.[4]

우리가 특히 인도하심이라는 부분에서 하나님 말씀을 오용하지 않으려고 신경을 쓰면 하나님이 도무지 그러한 식으로 말씀하실 가망이 전혀 없는 합리주의로 갈 수 있다. 나는 그러한 위험성을 알고 있으며, 이는 실재하는 위험이기도 하다. 본문을 문맥에서 확 떼어 내 우리 삶의 정황에 억지로 끼워 넣으면 위험한 결과를 초래할 수 있다. 우리는 성경이 말하지 않는 내용을 성경이 말하게 해서는 안 된다. 본문의 의미는 그 본문 안에 있지, 해석자에게 있는 것이 아니다. 그러나 우리는 주권자 하나님이 우리 삶의 방향을 바꿀 수 있는 식으로 말씀하실 여지도 반드시 남겨 놓아야 한다.

그렇게 하면 우리가 설교를 이해하는 면에 영향을 미칠 것이다. 설교자는 자신의 기량을 총동원하며 성경을 바르게 해석해야 한다. 설교자가 본문의 의미를 정확하게 꺼내 놓으면 청중은 하나님이 말씀하고 계신다고 확신할 수 있다. 그러나 설교는 정확한 해석 이상의 것이다. 설교는 하나님이 가까이 다가오셔서 그분 백성을 향해 말씀하시는 사건이다. 우리는 "하나님이 오늘 말씀하실 거야. 나는 그분 음성에 귀 기울이겠어. 내 마음을 준비해 놓아야 해."라며 기대 수준을 높여야 한다.

인도하심이 하나님을 아는 것과 관련이 있다면, 개인적으로 그분 말씀을 읽고 공적으로 그 말씀에 귀 기울이는 것이 결정을 내리는 과정에 포함되어야 한다. 성경으로 우리 마음이 겸손해지고 생각이 정결해지고 우선순위가 명확해진다면, 우리가 슬기롭게 결정을 내릴 가능성이 커진다. 우리는 하나님을 그분 말씀 가운데 만난다면 하나님이 우리의 길을 지도하시거나 방향을 바꾸실 가능성도 있음을 받아들여야 한다.

이 말이 성령님이 때로는 우리 생각을 무시하고 건너뛰신다는 뜻인가? 이성적 고찰이 황홀한 체험보다 한 수 아래인가?

절대로 그렇지 않다!

성화된 이성

영혼은 우리의 생각을 더 분명하게 해 준다. 하나님이 우리에게 두뇌를 주실 때 인도하심을 아주 많이 베푸신 것이다!

인간은 합리적 피조물이다. 우리의 합리성은 우리가 하나님의 형상으로 지음 받았다는 의미이기도 하다. 우리는 마음과 뜻과 힘을 다하여 하나님을 사랑해야 한다(신 6:4-5; 막 12:30). 마음의 갈망이 우리 두뇌를 형성하고 조종하기에, 우리는 때때로 생각하는 것만큼 합리적이거나 냉철하지 않다. 그렇기는 해도 은혜로 우리 마음이 새로워진다(롬 12:1-2). 베드로도 우리에게 마음을 사용하라고 명령한다. "그러므로 여러분은 마음을 단단히 먹고 정신을 차려서, 예수 그리스도께서 나타나실 때에 여러분이 받을 은혜를 끝까지 바라고 있으십시오"(벧전 1:13, 새번역).

"마음을 단단히 먹으라"는, 그리스어로 "너희 마음의 허리를 동이라"라는 구절의 번역이다(개역개정이 후자로 번역함-역주). 이 구절은 1세기에 남자들이 입던 긴 겉옷에 대해 말하고 있다. 그런 긴 겉옷은 몸을 격렬하게 쓰는 작업을 할 때는 실용적이지 않았다. 그래서 띠를 사용하여 겉옷을 허리에 고정하면 겉옷이 걸리적거리지 않았다. 허리에 띠를 동여맨 것은 힘들고 부담이 되는 생각을 말한다.

존 스토트(John Stott)는 에베소서 1장 17-19절을 설명하면서 이렇게 썼다.

> 신적 조명과 인간의 생각은 서로 떼려야 뗄 수 없다. 진리의 성령이 함께하지 않으시면 우리의 생각은 무엇이든 보람이 전혀 없지만, 성령이 우리 눈을 밝히셔서 지성을 이용하는 수고를 덜어 주고자 하시는 것은 아니다. 하나님이 그리스도 안에서 하신 일을 우리가 가만히 생각하는 바로 그때 성령께서 우리 눈을 여셔서 그 일의 의미를 이해하게 하실 것이다. 흔히 신앙과 이성은 양립할 수 없다고들 생각한다. 그렇지 않다. 성경에서는 우리가 둘 중 하나를 선택해야 하는 듯이 신앙과 이성이 대립하는 일이 결코 없다. 신앙이 이성을 초월하기는 하지만 이성을 기초로 한다. 지식은 신앙이 타고 더 높이 올라가는 사다리이고, 신앙이 밟고서 더 멀리 도약하는 스프링보드다.[5]

열심히 잘 훈련된 성찰이 없다는 것은 전혀 핑계가 되지 않는다. 사실 성령님은 우리의 사고력을 향상하셔서 우리가 성경 원칙의 의미를 완전히 이해하여 자신의 상황에 적용할 수 있게 하시기 마련이다.

성령님이 우리의 이성을 무시하고 건너뛰시고서는 직접적이고 초자연적인 방식으로 행하신 적이 있는가? 사도행전에서 알 수 있듯이 분명 초기 교회에서는 그런 일이 일어났었다. 오순절 후 처음 30년 동안의 교회 생활에 대해 읽어 보면, 환상을 보고(행 9:10-16; 10:10-17; 16:6-10), 목소리가 들리고(행 8:26; 10:13, 15, 19-20; 23:11), 천사가 등장한(행 8:26; 12:7-8; 27:23) 사례가 나온다.

우리는 이러한 일들을 어떻게 평가하는가?

초기 교회에서도 그와 같은 신적 개입은 날이면 날마다 일어나는 일이 아니었다. 하나님이 보통 그러한 방식으로 그분 백성을 인도하셨다는 표시는 전혀 없다. 증거를 보면 대개 그리스도인들은 이성과 명백하게 성경적인 원리를 사용해서 계획을 세우고 결정을 내렸다. 이방인들을 받아들이는 문제와 관련하여 중요한 결정에 직면하자, 교회는 함께 이마를 맞대고서 토론하고 성경의 증거와 더불어 그 상황 때문에 생각나는 조언도 숙고하고 나서 확실하게 결정했다. 하나님이 환상을 보여 주셨다거나 특별히 말씀을 하셨다는 증거가 없다. 교회의 보고에 따르면, 그 결정은 성령님이 인도하신 결과다.

> 성령과 우리는 이 요긴한 것들 외에는 아무 짐도 너희에게 지우지 아니하는 것이 옳은 줄 알았노니 우상의 제물과 피와 목매어 죽인 것과 음행을 멀리할지니라 이에 스스로 삼가면 잘되리라 평안함을 원하노라 하였더라(행 15:28-29).

초기 그리스도인들이 하나님이 어느 정도 특이하게 그분의 뜻을 넌지시 알려 주실 때까지 그와 같은 인도하심을 요구했다거나 행동을 하지 않기로 했다는 증거가 없다. 그들은 계획을 세우고 앞으로 밀고 나갔으며, 실수했을지도 모른다는 두려움에 마비되지 않았다.

하나님이 특별한 방법으로 인도하셨을 때는 오해의 여지가 없었다. 하나님이 말씀하셨음을 의심할 여지가 전혀 남지 않았다. 주관적인 감정이나 직감 이상으로 보였다. 성령님이 우리가 무엇이든 성경과 반대되는 일을 하게 놔두지 않으시리라는 것을 기억하라. 꿈과 환상과 직감이 생생하여 부인할 수 없어 보일 수 있다. 그렇지만 그러한 것들이 성경에 부합하지 않는다면 하나님에게서 온 것이 아니다. 사탄도 광명의 천사로 가장할 수 있다.

우리는 지혜롭게 결정을 내릴 때 이성의 위치를 과대평가하지도, 이성의 중요성을 경시하지도 말아야 한다. 한편으로 우리는 하나님이 초자연적인 방법으로 개입하실 리가 없다고 말하는 일종의 '이신론'을 피해야 한다. 다른 한편으로는 우리의 성화된 이성을 불신하는 어리석음에 속아 넘어가서는 안 된다. 하나님의 자유에 한계를 두어서도 안 되지만, 극도로 영적인 기행(奇行)에 빠져서도 안 된다. 성경은 "성령을 소멸하지 말며 예언을 멸시하지 말고 범사에 헤아려 좋은 것을 취하고 악은 어떤 모양이라도 버리라"(살전 5:19-22)라고 하면서 우리에게 무엇이든 일일이 시험하라고 경고한다.

인도하심은 대부분 성령님이 우리 생각에 불을 밝히셔서 우리가 성경에 진지하게 주의를 기울일 수 있게 하실 때 온다. 하나님은 성령님과 성경과 성화된 이성을 수단으로 하셔서 우리의 길을 인도하겠다고 약속하셨다.

'하나님은 성령님을 보내 우리를 인도하신다' 핵심 내용

❶ 인도하심을 구할 때 우리에게는 성령님의 도우심이 필요하다.
❷ 성령은 거룩한 위격이므로, 우리는 성령님과 인격적인 관계를 쌓아 가야 하고 성령님을 근심하시게 해서는 안 된다.
❸ 성령님은 성경을 쓰셨으니 성경과 결코 모순되지 않으신다.
❹ 성령님이 성경을 조명해 주시고 우리가 이해하고 바르게 적용하도록 도우신다.
❺ 성령님이 때로는 성경 말씀을 특히 강력하게 사용하셔서 우리 삶을 지도하기도 하신다.
❻ 성령님은 예상하지 못한 방법으로 행동하실 수도 있지만, 그러한 행동은 약속된 것도 아니고 절대적으로 확실한 것도 아니다.
❼ 하나님은 우리에게 새로워진 마음을 주셨고 우리가 그 마음을 이용하리라고 기대하신다.
❽ 성령님은 우리의 마음을 더 분명하게 해 주셔서 우리가 이성을 더욱 효과적으로 이용하도록 도와주신다.

생 각 하 기

1. 성령님과 관련하여 가장 중요한 진리는 성령님이 하나님의 인격이라는 것이다. 당신은 성령님을 인격적인 면에서 생각하는가? 성령님의 인격성은 우리가 그분의 사역을 체험하는 면에 어떻게 영향을 미치는가?

2. 우리가 성령이 절대로 성경과 모순되지 않으신다고 확신할 수 있는 이유는 무

엇인가? 이 원칙이 왜 중요한가?

3. 성령님은 어떤 방법으로 말씀을 조명해 주시는가? 성경 주석과 설교의 역할은 무엇인가?

4. 바울은 그리스도인들에 대해서 "성령으로 인도함을 받는다"(롬 8:13-16; 갈 5:18)라고 말한다. 당신은 바울이 무슨 뜻으로 이 구절을 말했다고 생각하는가?

원리 3
하나님은 끈기 있는
기도에 대한 응답으로
우리를 인도하신다

04 하나님께 아뢰기

다정한 초대

이미 살펴본 것처럼 하나님은 성경을 통해서 우리를 인도하신다. 그러나 성경 말씀을 올바르게 사용하려면 성령님의 조명이 필요하다. 성령님이 베푸시는 그러한 도움을 어떻게 받는가? 예수님은 세상 아버지와 하늘 아버지를 대조하시면서 간단히 "너희가 악할지라도 좋은 것을 자식에게 줄 줄 알거든 하물며 너희 하늘 아버지께서 구하는 자에게 성령을 주시지 않겠느냐"(눅 11:13)라고 일러 주신다.

그러므로 인도하심에는 우리가 성경을 이해하고 바르게 적용하도록 도와주시도록 성령님을 보내 주시기를 하나님께 간구하는 과정도 반드시 들어가야 한다. 그러면 우리는 하나님의 뜻을 찾을 때 기도가 얼마나 중요한지를 생각하게 된다.

성경에서 하나님은 자기 자녀들에게 인도하심을 구하라고 꾸준히 권하신다. 시편 전체에 여기저기 나오는 기도를 생각해 보라.

여호와여 나의 원수들로 말미암아 주의 의로 나를 인도하시고 주의 길을 내 목전에 곧게 하소서(시 5:8).

주의 진리로 나를 지도하시고 교훈하소서 주는 내 구원의 하나님이시니 내가 종일 주를 기다리나이다(시 25:5).

주는 나의 반석과 산성이시니 그러므로 주의 이름을 생각하셔서 나를 인도하시고 지도하소서(시 31:3).

우리의 지식은 제한적이지만, 하나님의 지식은 무한하다. 우리는 장래 일을 모르지만, 하나님은 아신다. 우리의 계획에는 흠이 있지만, 하나님의 길은 완벽하다. 우리는 죄투성이이고 최선인 순간에도 우리의 동기에는 선악이 엇갈리지만, 하나님은 완전히 거룩하시고 무엇이든 다 잘하신다.

우리는 지혜를 주시기를, 지도해 주시기를, 마음을 정결하게 해 주시기를 기도할 수 있다. 하나님은 아뢰는 사람에게 귀를 기울이시고, 들을 귀가 있는 사람에게 말씀해 주신다. 어떤 이가 기도는 자동차 앞 유리를 닦는 것과 같아서, 와이퍼로 유리를 닦으면 길을 더 밝히 볼 수 있다고 말했다.[1] 기도는 우리의 지각을 곡해하고 동기를 왜곡하는 것 대부분을 깨끗하게 닦는다. 기도 덕분에 우리가 더 성경적으로 생각할 수 있으므로, 기도는 결정을 내리는 과정에 없어서는 안 되는 요소다.

예수님께 배우기

예수님은 우리가 따라야 할 모범을 제시해 주신다. 우리는 예수님이 사역하실 때 기도를 통해서 결정을 내리셨음을 안다.

새벽 아직도 밝기 전에 예수께서 일어나 나가 한적한 곳으로 가사 거기서 기도하시더니 시몬과 및 그와 함께 있는 자들이 예수의 뒤를 따라가 만나서 이르되 모든 사람이 주를 찾나이다 이르시되 우리가 다른 가까운 마을들로 가자 거기서도 전도하리니 내가 이를 위하여 왔노라 하시고 이에 온 갈릴리에 다니시며 그들의 여러 회당에서 전도하시고 또 귀신들을 내쫓으시더라(막 1:35-39).

열두 사도를 세우시기 전에는 친히 밤새워 기도하셨다(눅 6:12-16). 겟세마네에서는 하나님의 뜻을 찾으시면서 기도에 온 힘을 쏟으셨다.

조금 나아가사 땅에 엎드리어 될 수 있는 대로 이때가 자기에게서 지나가기를 구하여 이르시되 아빠 아버지여 아버지께는 모든 것이 가능하오니 이 잔을 내게서 옮기시옵소서 그러나 나의 원대로 마시

> 옵고 아버지의 원대로 하옵소서 하시고(막 14:35-36).

그리고 예수님은 제자들에게 인도하심을 구하는 기도를 하라고 권유하셨다. 주기도문의 핵심에는 하늘에 계신 우리 아버지가 우리의 걸음을 인도하시기를 바라는 요청이 있다.

> 우리를 시험에 들게 하지 마시옵고 다만 악에서 구하시옵소서(마 6:13).

수많은 결정에는 최선의 경로를 계획하고 상충하는 여러 대안을 평가하는 것 이상이 필요하다. 기도는 우리에게 기초를 가르쳐 준다. 기도 덕분에 우리는 무엇이 진정 중요한지 볼 수 있다. 우리가 하나님의 관점으로 생각해 보기 시작하면 최우선으로 고려하려던 사항이 덜 중요해진다. 주기도문 첫머리에 있는 간구를 생각해 보자.

> 하늘에 계신 우리 아버지여 이름이 거룩히 여김을 받으시오며 나라가 임하시오며 뜻이 하늘에서 이루어진 것같이 땅에서도 이루어지이다(마 6:9-10).

나는 인도하심을 구할 때 내 결정과 선택 때문에 하나님의 이름과 명성이 높아져야 한다는 열망에 이끌리는가? 하나님의 나라와 하나님의 의(마 6:33)에 가장 마음을 쓰는가? 나는 하나님의 뜻을 정말로 원하는가, 아니면 하나님을 내 뜻에 굴복시키고자 기도하는가?

이렇게 기도하면 우리가 결정을 내리는 방식에 영향이 미칠 것이다. 하늘에 계신 우리 아버지가 핵심적인 판단 기준이 되실 것이다. 하늘 아버지는 우리의 피난처이시고 지혜의 원천이시다. 내 최종 목표는 내 기쁨이나 안락함이 아니라 하나님의 이름과 나라와 영광이다. 이렇게 기도할 때 나는 매일 하나님께 의지하고 있음을 깨닫는다.

무엇을 구하는 기도를 해야 하는가?

이것은 중요한 질문이다. 인도하심을 구하며 기도할 때 우리는 무엇을 구해야 하는가? 이는 어느 정도 우리 앞에 놓인 결정의 성격에 좌우된다. 교회를 찾고 있다든지 일자리를 구하고 있다든지 배우자를 찾고 있다면 간구 내용이 다를 수 있다. 이것은 이 책 2부에서 다루겠다.

우리가 그릇된 일을 구하는 기도를 할 수도 있다. 앞에서 살펴보았다시피 향후 진로가 세세하게 적힌 지도를 주시기를 간구하는 것은 적절하지 않다. 하나님은 그렇게 보여 주시겠다는 약속은 하신 적이 없다. 우리는 이제 막 내리려는 결정을 추가로 확인할 성경 말씀을 주시기를 기도할 수는 있다. 일종의 표적을 주시거나 엄청난 평안함을 느끼게 해 달라고 기도할 수도 있다. 하나님이 은혜로 우리에게 이러한 것들을 베풀어 주실 수는 있으나, 다시 말하지만 그렇게 해 주겠다고 약속하신 적은 없다.

특별히 정형화된 문구는 없지만, 우리는 다음과 같은 내용을 넣어서 기도할 수 있다.

- 당신이 자신의 명철에 의지하기를 원하지 않으며 평생 하나님의 지도하심에 따르고 싶다고 아뢰라(잠 3:5-6).
- 하나님께 겸손한 마음과 배우려는 정신을 주시기를 간구하라. 때로 우리는 갈 길을 제대로 찾을 수 있다고 생각한다. 너무나 뻔해 보이는 결정이라도, 우리는 하나님의 도우심을 구해야 한다(시 25:9).
- 성경을 조명해 주시는 성령의 은사를 구하는 기도를 하라(눅 11:13).
- 장래 일에 조바심이 난다면, 자신의 두려움을 하나님께 아뢰라. 결정을 잘못 내릴까 봐 겁난다고 고백하라. 하나님께 감사하면서 간구하라(빌 4:6).
- 하나님의 은혜가 충분하다고, 또 당신의 진정한 강함은 자신의 약함을 알고 하나님이 더없이 충분히 베푸시는 은혜를 신뢰하는 것이라고 감사하라(고후 12:9-10).
- 당신이 의인이어서 하나님이 당신의 걸음을 지도해 주실 수 있기를 기도하라(시 37:23).
- 당신이 앞에 놓인 여정을 생각할 때, 그 길에서 영적으로 다시 새 힘을 얻기를 기도하라(시 23:1).
- 성경에서 하나님의 음성을 듣고서 자기 앞에 놓인 결정과 관련 있는 성경 구절을 만나기를 기도하라(시 119:133; 요 10:27).
- 앞길을 인도하시겠다는 약속을 기억해 주시기를 요청하고 미리 감

사하라(사 48:17).
- 평생 인도하시겠다고 하신 약속에 감사하라(시 48:14; 사 58:11).
- 주님이 어느 쪽으로 인도하시든지 만족하겠다고 기도하라(요 10:27).

바울의 말로 기도하기

바울은 기도를 적으면서 자기 자신과 그 글을 읽는 이들을 인도해 주시기를 기도하는 경우가 많았다.

내가 기도하는 것은 여러분의 사랑이 지식과 모든 통찰력으로 더욱 더 풍성하게 되어서, 여러분이 가장 좋은 것이 무엇인가를 분별할 줄 알게 되는 것입니다. 그리하여 여러분이 그리스도의 날까지 순결하고 흠이 없이 지내며, 예수 그리스도께서 주시는 의의 열매로 가득 차서 하나님께 영광과 찬양을 드리게 되기를, 나는 기도합니다(빌 1:9-11, 새번역).

아마 이러한 기도를 가장 잘 보여 주는 예는 골로새서 1장 9-12절일 것이다.

그러므로 우리가 여러분의 소식을 들은 그날부터, 우리도 여러분을 위하여 쉬지 않고 기도합니다. 우리는 하나님께서 여러분에게 모든 신령한 지혜와 총명으로 하나님의 뜻을 아는 지식을 채워 주시기를 빕니다. 여러분이 주님께 합당하게 살아감으로써, 모든 일에서 그분을 기쁘게 해 드리고, 모든 선한 일에서 열매를 맺고, 하나님을 점점 더 알고, 하나님의 영광의 권능에서 오는 모든 능력으로 강하게 되어서, 기쁨으로 끝까지 참고 견디기를 바랍니다. 그리하여 성도들이 받을 상속의 몫을 차지할 자격을 여러분에게 주신 아버지께, 여러분이 빛 속에서 감사를 드리게 되기를 우리는 바랍니다(새번역).

이 기도는 주된 간구와 주요 결과로 나뉜다.

1. 주된 간구: 하나님의 뜻을 아는 것

바울의 주된 간구는 골로새 성도들이 하나님의 뜻을 아는 것이다.

그러므로 우리가 여러분의 소식을 들은 그날부터, 우리도 여러분을 위하여 쉬지 않고 기도합니다. 우리는 하나님께서 여러분에게 모든 신령한 지혜와 총명으로 하나님의 뜻을 아는 지식을 채워 주시기를 빕니다(골 1:9, 새번역).

바울은 지식과 지혜와 총명을 달라고 기도한다.

- '지식'이라는 말은 진리를 분명하고 깊이 있고 풍성하고 완전히 이해하는 것을 뜻한다. 지식은 겉으로 보이는 상황에 대한 가벼운 인식이 아니라 상황을 실제 있는 그대로 보는, 현실에 대한 통찰이다.

- 지식은 '지혜'를 통해서 온다. 지혜는 사실을 알고 있는 것 이상이다. 바르게 적용된 지식이 지혜다. 지혜는 하나님에 대한 참된 지식에서 나오며 이 지식을 불어넣어 주시는 주님에 대한 경외에서 나온다.
- 지식은 '총명'과도 관계가 있다. '총명'이라는 단어에는 상황이 서로 맞물리는 방식을 통찰한다는 개념이 들어 있다. 총명은 큰 그림을 파악하는 것이다. 우리가 캔버스의 작은 부분에 코를 박고 있다가 뒤로 물러나면 하나님의 영원하고 우주적인 계획을 우주와 교회와 우리 개개인을 위해 마련된 그대로 볼 수 있다. 이것은 우리가 세상에서 우리의 위치와 하나님의 광대한 계획에서 세상의 위치를 이해했다고 느끼는 일종의 유레카와 같은 순간이다.

여기에서 바울은 특정 문제에 관해 구체적으로 인도해 주시기를 기도하지 않는다. 바울은 하나님의 광대한 계획과 목적(이 내용은 2장에서 다뤘음)을 이해하기를 기도하는 중이다. 하나님의 핵심 정서는 무엇인가? 하나님의 뜻이 역사의 사건과 내 인생의 사건에서 어떻게 전개되고 있는가? 하나님은 통제 불능인 우주를 보면서 절망하여 손을 쥐어짜는 무기력한 관찰자가 아니시다. 그분은 통치하시는 창조주이시고 모든 세대의 왕이시다.

이 계획의 초점은 그리스도다. 그리스도는 창조 세계의 근원이요 상속자이시며 창조 세계가 존재하게 하시는 분이다. 창조 세계는 그분의 영광을 위해 존재한다. 그리스도는 새 창조의 주님이기도 하시다. 죄가 흉측하게 낙서를 갈겨 놓아서 세상이 훼손되었지만, 하나님은 세상을 버리지 않으셨다. 그리스도 안에서 하나님은 친히 만드신 세상에 걸어 들어오셔서 반대로 돌려놓으셨다.

나는 여기에서 어디에 들어가는가? 나는 믿음으로 그리스도와 연합했으므로 하나님이 세상을 위해서 하시는 모든 일에 열렬히 헌신한다. 나는 더 많이 알고 이해할수록 내 삶이 하나님의 뜻을 따르게 하고자 하겠고, 여기에는 거룩함을 향한 열정이 필요할 것이다.

이것이 당면한 결정과 직접적으로는 관련이 없을지 모르지만, 하나님의 계획을 보면 우리의 결정이 일제히 바뀌고 인도하심에 대한 혼란이 어느 정도 풀릴 것이다.

2. 주요 결과: 하나님 마음을 기쁘게 해 드림

다음으로 바울은 이러한 지식에서 나오는 결과를 자세히 알아본다.

여러분이 주님께 합당하게 살아감으로써, 모든 일에서 그분을 기쁘게 해 드리고, 모든 선한 일에서 열매를 맺고, 하나님을 점점 더 알고, 하나님의 영광의 권능에서 오는 모든 능력으로 강하게 되어서, 기쁨으로 끝까지 참고 견디기를 바랍니다. 그리하여 성도들이 받을 상속의 몫을 차지할 자격을 여러분에게 주신 아버지께, 여러분이 빛 속에서 감사를 드리게 되기를 우리는 바랍니다(골 1:10-12, 새번역).

하나님께 합당하게, 그분을 기쁘시게 하며 살아가려는 열망이 우리를 압도하는 목표여야 한다. 분명 이것이 인도하심이라는 문제의 핵심이다. 나는 교회와 일자리와 관계에 관해 지혜로운 결정을 내리고 싶다. 언제 은퇴할지, 언제 첫아이를 볼지, 언제 성경 훈련 과정에 등록할지 알고 싶다. 그러나 결정 하나하나에 그늘을 드리우는 질문이 있으니, 무엇이 하나님께 합당하며 무엇이 그분을 정말로 기쁘시게 하느냐는 것이다. 그분을 기쁘시게 하는 데 가장 관건은 즐거이 감사하는 것이다. 이것은 하나님께 기쁨을 안겨 드리기를 한결같이, 마음을 다해 갈망하는 것이다.

우리는 세상과 세상의 정욕에서 돌아서고, 자기 자신과 자신의 정욕에서 돌아서서 모든 것을 하나님 앞에 내려놓는다. 우리는 일자리, 배우자, 자녀, 돈, 안전 욕구, 권력, 영향력, 성적 쾌락, 취미, 운동, 오락, 친구 등 아무것도 간직해 두지 않는다.

그런데 이것은 어떤 모습인가? 이 질문에 바울은 분사 네 개를 연이어 사용하여 답한다.

많은 결실: "모든 선한 일에서 열매를 맺고."

우리는 열매 맺는 삶을 살아감으로써 우리 아버지 하나님을 기쁘시게 한다. 우리가 열매를 많이 맺으면 하나님이 영광을 받으신다(요 15:8). 진짜 열매는 언제나 눈에 보인다. 마음가짐이 동기가 된 구체적인 행동에서 보인다. "그러나 성령의 열매는 사랑과 기쁨과 화평과 인내와 친절과 선함과 신실과 온유와 절제입니다. 이런 것들을 막을 법이 없습니다"(갈 5:22-23, 새번역).

그래서 인도하심을 구하는 중이라면 나는 몇 가지 질문을 연이어 해 볼 것이다.

- 사랑과 친절이 이 결정의 원인인가?
- 이 결정으로 진실하며 오래도록 변치 않는 기쁨과 화평이 생기겠는가?
- 내가 온유하게 행동하고 있는가?
- 선함과 신실함이 이 인도하심의 특징인가?
- 나는 인내나 절제가 부족하여 서두르는가?

우리가 보통은 이러한 식의 질문을 하지 않겠지만, 바울의 기도가 우리에게 충분히 따져 보며 고민해 보라고 촉구하는 질문이다. 나는 열매 맺는 삶을 사는 것보다는 나의 안위에 더 마음을 쓰는가? 내 결정은 자비와 은혜와 긍휼의 행위로 이어지는가?

지식: "하나님을 점점 더 알고."

바울은 이미 골로새 성도가 하나님의 뜻을 아는 가운데 자라기를 기도했다. 그 결과 중 하나가, 일단 하나님의 뜻을 알고 하나님의 뜻을 행하면 하나님을 아는 지식 가운데 자라는 것이다. 하나님에 대한 지식은 엄밀하게 하는 지적 활동을 넘어선다. 그 지식은 여호와에 대한 경외와 겸손한 마음에서 나온다. 기도하고 예배하고 하나님의 신비한 섭리에 순종함으로써 얻는 지식이다. 이는 찾을 만한 가치가 있는 지식이요, 이 지식이 우리의 모든 정욕과 결정을 제어해야 한다.

우리에게 아주 힘든 일 하나는 우리가 내리는 결정마다 모두 하나님에 대한 비전으로 물들게 하는 것이다. 우리는 이 하나님이 지켜보시는 가운데 살아간다는 것을 의식하며 결정을 내려야 한다. 우리는 하나님을 멀리 계시거나 평범하거나 흔한 분이 아니라 위대하고 숨막힐 정도로 놀랍고 경외심을 불러일으키는 분으로 보아야 한다.

인격 : "하나님의 영광의 권능에서 오는 모든 능력으로 강하게 되어서, 기쁨으로 끝까지 참고 견디기를."

하나님에 대한 지식이 있으면 인격이 변화하기 마련이다. 그러한 인격은 참고 견디는 데서 나타난다.

참을성은 어려운 상황에서 그 자리에 머물러서 꿋꿋하게 서 있는다는 뜻이다. 인생은 수월하지 않고, 우리가 엄청난 압박 아래 있음을 알게 될 때도 견디며 그분께 영광을 돌리라고 명하신다. 때로는 우리가 그저 계속해 나가고 포기하지 않을 때 가장 큰 영광이 보인다. 하나님은 우리에게 경주를 시작하라고 명하실 뿐 아니라 아무리 힘들어도 완주하라고도 명하신다. 이것에 대해 바울은 로마서 5장에서 "다만 이뿐 아니라 우리가 환난 중에도 즐거워하나니 이는 환난은 인내를, 인내는 연단을, 연단은 소망을 이루는 줄 앎이로다"(롬 5:3-4)라고 말한다.

견디는 것은 어려운 환경이 아니라 어려운 사람들과 관계가 있다. 우리는 자신의 약점과 결점을 무척이나 의식한다. 우리는 현재 진행 중인 작품이다. 우리가 언제나 만나는 다른 그리스도인들 누구에게든 마찬가지다. 우리는 불편하고 까다로운 사람을 사랑하는 법을 배우면서 인격이 성장한다. 우리는 쉽게 상처 입지 않는 성격과 상냥한 마음을 키워야 한다.

다시 말하지만, 우리는 인도하심을 헤아릴 때 이러한 명령을 기도의 틀로 이용할 수 있다. 내 결정은 다른 이들을 대하는 방식에 대해 바울이 서술한 내용에 부합하는가? 이것이 현실적 거룩함이다.

기쁨 가득한 감사 : "성도들이 받을 상속의 몫을 차지할 자격을 여러분에게 주신 아버지께, 여러분이 빛 속에서 감사를 드리게 되기를."

하나님을 기쁘시게 하며 살아가는 삶의 결정적 표지는 소망을 불러일으키는 감사다. 기독교 신앙의 핵심에 있는 가장 큰 비밀은, 기독교 신앙은 암담하고 우울한 인생이 아니라 기쁨이 넘쳐흐르는 인생이 되게 하고자 한다는 것이다. 우리는 영원토록 하나님을 즐거워하면서 하나님을 영화롭게 하라고 부름 받았다. 이것은 이를 악물거나 의연하게 결단하는 문제가 아니라 기쁨이 스며든 채로 참고 견디는 문제다. 기쁨은 환경이나 기질이나 일시적 감정에 좌우되지 않는다. 기쁨은 하나님에 대한 뿌리 깊은 신뢰다.

그와 같은 기쁨은 감사로 표현되고 확신 있는 소망에 뿌리를 둔다. 우리의 소망은 일시적이고 덧없는 일에 고정되어 있지 않다. 그 소망은 안전하게 보장된 유업에 집중한다(벧전 1:3-5).

조나단 에드워즈(Jonathan Edwards)는 이 소망을 다음과 같이 표현한다.

이 세상 삶을 천국을 향해 가는 여행으로만 보내는 것이 우리에게 어울린다. … 우리는 삶의 나머지 염려는 무엇이든 천국보다 중요하게 여기지 말아야 한다. 우리에게 걸맞은 목표와 참된 행복이 아닌 것을 얻으려고 수고하거나 거기에 마음을 둘 이유가 무엇인가?[2]

여기 천국의 일에 대해 진심인 남자가 있다. 그것 말고는 우리가 마음을 둘 만한 가치가 있는 것은 없다. 또 그와 같은 헤아림이 언제든 우리가 숙고하는 결정마다 영향을 미쳐야 한다.

그러므로 너희가 그리스도와 함께 다시 살리심을 받았으면 위의 것을 찾으라 거기는 그리스도께서 하나님 우편에 앉아 계시느니라 위의 것을 생각하고 땅의 것을 생각하지 말라 이는 너희가 죽었고 너희 생명이 그리스도와 함께 하나님 안에 감추어졌음이라 우리 생명이신 그리스도께서 나타나실 그때에 너희도 그와 함께 영광 중에 나타나리라(골 3:1-4).

따라서 우리의 결정으로 좋은 열매가 맺히고, 하나님에 대한 지식이 늘어나고, 우리 인격이 변화하고, 기쁨이 넘치게 감사하는 데 이르기를 기도해야 한다. 우리의 결정의 결과가 이 중 하나라도 있을지 의심스럽다면 생각을 다시 해 봐야 한다.

인도하심을 구하는 기도는 어떻게 하는가?

인도하심을 구하는 기도에는 인내가 특징으로 나타나야 한다. 이것을 야고보는 다음과 같이 말한다.

너희 중에 누구든지 지혜가 부족하거든 모든 사람에게 후히 주시고 꾸짖지 아니하시는 하나님께 구하라 그리하면 주시리라 오직 믿음으로 구하고 조금도 의심하지 말라 의심하는 자는 마치 바람에 밀려 요동하는 바다 물결 같으니 이런 사람은 무엇이든지 주께 얻기를 생각하지 말라 두 마음을 품어 모든 일에 정함이 없는 자로다(약 1:5-8).

오랫동안 나는 이 구절이 기도로 하나님께 나아갈 때 우리 신앙의 질과 관련이 있다고 생각했었다. 내 생각에 두 마음을 품는다는 것은 신앙이 형편없이 적어서 하나님이 우리에게 실망하시고 귀를 기울이지 않으신다는 뜻이었다. 나는 이 해석이 야고보의 말에 대한 오독이라고 결론 내리게 되었다. 성경에 따르면, 신앙의 질이나 양보다는 신앙의 방향이 중요하다. 우리가 하나님께 붙어만 있으면 믿음이 작아도 복을 주신다. 아들을 귀신에게서 건져 달라고 예수님께 온 남자처럼 우리는 "내가 믿나이다 나의 믿음 없는 것을 도와주소서"(막 9:24)라고 기도할 수 있다. 우리는 의심이 생기거나 흔들릴 때 믿음을 더해 주시기를 간구할 수 있지만, 믿음이 작아도 크신 하나님께 닿을 수 있다. 우리는 믿음을 믿는 것이 아니라 하나님을 믿는다!

그러면 야고보의 말은 무슨 뜻인가? 내 생각에 야고보가 두 마음을 품는 사람을 말할 때는, 하나님의 뜻을 알고 행하는 것을 가장 원하겠다는 결심을 하지 않은 사람을 말한다. 그런 사람은 인도하심을 원하지만 그 결과는 두려워한다. 하나님이 가장 좋은 길로 인도하신다고 믿지 않는다. 자기 뜻을 포기하지 않는다. 하나님의 인도하심을 이용해서 자신의 목표와 기대를 추진하고자 한다. 그들에게 인도하심은 이미 하기로 결정한 것을 하나님이 확정해 주시리라는 바람에 지나지 않게 된다. 앞에서도 언급했듯이 사람들이 자기는 인도하심에 문제가 있다고 말한다면, 그들의 순종에 문제가 있다는 뜻인 경우가 많다.

이것을 방지하는 방법은 무엇인가? "[주님은] 겸손한 사람을 공의로 인도하시며, 겸비한 사람에게는 당신의 뜻을 가르쳐 주시"(시 25:9, 새번역)므로, 우리는 하나님 앞에서 겸손해야 한다. 우리 마음을 돌아보아야 한다. 하나님이 우리 마음을 살피시고 시험하시기를 기도해야 한다. 우리 뜻을 하나님의 뜻에 넘겨드려야 한다.

'하나님은 끈기 있는 기도에 대한 응답으로 우리를 인도하신다' 핵심 내용

❶ 예수님은 아버지 하나님이 구하는 자들에게 성령님을 주실 것이라고 약속하신다. 우리가 바르게 성경을 이해하여 당면한 결정에 적용하려면 성령님의 도우심이 필요하므로, 우리는 성령님을 구해야 한다.
❷ 성경은 우리를 권면하여 인도하심을 구하는 기도를 하게 한다.
❸ 기도는 우리가 인생을 균형 잡힌 시각으로 보도록 돕는다.
❹ 주기도문과 바울의 기도는 우리가 어떻게 기도해야 하는지를 이해하는 데 도움이 된다.
❺ 우리는 지식과 지혜와 총명을 구하는 기도를 해야 한다.

❻ 우리의 결정이 하나님을 기쁘시게 하기를 기도해야 한다.
❼ 우리의 결정으로 좋은 열매가 맺히고, 하나님에 대한 지식이 늘어나고, 우리 인격이 변화하고, 기쁨이 넘치는 감사를 하기에 이르기를 기도해야 한다.
❽ 우리는 끈기 있게 기도해야 한다.

생 각 하 기

1. 주기도문을 꼼꼼히 읽고 주기도문이 어떠한 면에서 인도하심을 구하는 기도의 훌륭한 본이 되는지 목록을 만들어 보라.

2. 성령의 열매를 살펴보라(갈 5:22-23). 열매 하나에 아홉 가지 양상이 나타난다. 현재 당신이 당면한 결정을 살펴보라. 성령의 열매가 현재 당신의 결정에 어떻게 영향을 미쳐야 하는가?

3. 기도하며 참고 견디는 것이 우리가 결정을 내리는 데 어떠한 영향을 미쳐야 하는가?

4. 에베소서 1장 15-23절과 3장 14-21절에 기록된 바울의 기도를 보라. 바울은 무엇을 위해 기도하는가? 인도하심을 구할 때 당신은 바울의 간구를 어떤 식으로 적용할 수 있겠는가?

원리 4
하나님은 우리에게
지혜를 주겠다고
약속하신다

05 지혜 찾기

그레이엄 박사님, 고마워요

한번은 빌리 그레이엄(Billy Graham) 박사가 개인 성경 읽기를 어떻게 계획해서 하고 있느냐는 질문을 받았다. 자신의 방법 몇 가지를 나눈 후에 그레이엄 박사는 매일 경건 훈련에서 가장 큰 부분을 차지하는 책이 두 권이라고 고백했다. 수년 동안 그레이엄 박사는 매일 성경 읽기 본문 외에도 시편 다섯 편과 잠언 한 장을 매일 읽었다.

매일 시편 다섯 편과 잠언 한 장을 읽으면 한 달이면 1독을 할 수 있습니다. 시편은 하나님과 친하게 지내는 법을 알려 줄 것이고, 잠언은 동료와 친하게 지내는 법을 알려 줄 것입니다.[1]

나는 그레이엄 박사를 따라 하지는 않았지만, 잠언을 일 년에 최소한 번은 통독하려고 했다. 어느 한 달 동안 매일 한 장씩 읽으면 딱 맞았다. 내가 보니 잠언 통독은 중요한 결정을 앞에 놓고 있을 때 특히 유익했다.

앞에서 살펴보았듯이 하나님은 우리가 그분을 기쁘시게 하려면 알기를 바라시는 내용을 성경 전체에서 고스란히 계시해 주신다. 성경의 계시를 우리 마음에 적용하면, 우리를 애먹이는 질문 전체와 우리 앞에 놓인 모든 결정에 도움을 주는 분명한 지침을 찾을 것이다.

그러나 성경에는 우리가 하나님의 뜻을 발견하도록 도와주겠다고 약속하는 책이 하나 있다. 바로 잠언이 그 책이며, 잠언은 지혜를 약속해 준다.

우리가 1장에서 살펴보았듯이 하나님이 우리 인생에 계획을 갖고 계실지라도 보통은 그 계획을 미리 보여 주지는 않으신다. 인도하심은 하나님이 우리를 지혜롭게 하시는 것을 통해 온다. 우리는 비밀 계획을 어떻게든 보여 주는 실마리를 찾으려고 하지 않는다. 인도하심은 생각의 조명과 마음의 변화를 통해서 온다.

제임스 페티(James Petty)는 이것을 이렇게 정의한다.

이 단어를 다른 여러 방식으로 쓸 수 있지만, 내 생각에 지혜는 하나님의 명령을 이해하여 여러 상황과 사람들에게 적용하는 도덕적 역량이다. 지혜는 원리를 적용과 연결하는 능력이다. 하나님의 뜻과 우선순위와 선호를 개별화하고 개인화한다.[2]

지혜로운 사람들은 습득한 지식을 적용하는 방법을 알고 있다. 그것이 제대로 적용된 지식이다. 우리는 지식이 넘쳐 나는데 지혜가 절실히 필요한 상태다. 지혜는 경건하게 살아가는 기술을 우리에게 가르쳐 주기 위해 존재한다. 지혜는 우리 삶에서 일종의 안정화 성분으로 작용한다.

지혜는 매우 귀중하며 잠언은 우리가 지혜롭게 자라도록 도와주겠다고 약속한다. 잠언은 "세상은 이런 곳인데, 하나님의 세상에서 그분을 기쁘시게 하는 방식으로 살고 싶다면 이렇게 행하면 된다."라고 말하여 우리에게 일반 원리를 제시해 준다.

잠언의 놀라운 점은 다루는 관심사가 광범위하다는 점이다.

정말로 하나님이 일상생활에 관심이 있으신가?

우리 삶에서 하나님이 지혜롭게 지도하지 않으시는 부분은 하나도 없다. 다음과 같이 하나님은 우리의 일상 사업, 우리가 사용하는 저울의 형태, 구매자와 판매자 사이의 소통에도 관심이 있으시다.

속이는 저울은 여호와께서 미워하시나 공평한 추는 그가 기뻐하시느니라(잠 11:1).

물건을 사는 자가 좋지 못하다 좋지 못하다 하다가 돌아간 후에는 자랑하느니라(잠 20:14).

하나님은 우리의 인간관계를 지도하셔서 우리가 다툼을 피하고 입을 단속하게도 하신다.

미움은 다툼을 일으켜도 사랑은 모든 허물을 가리느니라(잠 10:12).

다투는 시작은 둑에서 물이 새는 것 같은즉 싸움이 일어나기 전에 시비를 그칠 것이니라(잠 17:14).

입과 혀를 지키는 자는 자기의 영혼을 환난에서 보전하느니라(잠 21:23).

하나님은 우리가 사랑이 부유함보다 더 중요한 만족스러운 인생을 살아가게 하신다.

비천히 여김을 받을지라도 종을 부리는 자는 스스로 높은 체하고도 음식이 핍절한 자보다 나으니라(잠 12:9).

채소를 먹으며 서로 사랑하는 것이 살진 소를 먹으며 서로 미워하는 것보다 나으니라(잠 15:17).

평온한 마음은 육신의 생명이나 시기는 뼈를 썩게 하느니라(잠 14:30).

하나님은 우리가 자녀를 양육하는 방식과 반려동물을 대하는 방식에도 관심이 있으시다.

네가 네 아들에게 희망이 있은즉 그를 징계하되 죽일 마음은 두지 말지니라(잠 19:18).

의인은 자기의 가축의 생명을 돌보나 악인의 긍휼은 잔인이니라(잠 12:10).

하나님은 인생살이가 고달플 수 있다는 것을 아신다.

마음의 고통은 자기가 알고 마음의 즐거움은 타인이 참여하지 못하느니라(잠 14:10).

마음의 즐거움은 양약이라도 심령의 근심은 뼈를 마르게 하느니라(잠 17:22).

하나님은 우리에게 과도함에 대해서까지도 경고하시고 아침에 일어났을 때 어떻게 행동해야 하는지까지도 알려 주신다.

포도주는 거만하게 하는 것이요 독주는 떠들게 하는 것이라 이에 미혹되는 자마다 지혜가 없느니라(잠 20:1).

이른 아침에 큰 소리로 자기 이웃을 축복하면 도리어 저주같이 여기게 되리라(잠 27:14).

이것이 우리가 인도하심에 대해 생각할 때 도움이 된다. 잠언은 매일의 세세한 결정 사항에 지나치게 집착하지 말고 모든 것이 하나님의 관심 궤도 안에 들어간다는 것을 보라고 권한다. 하나님의 관심은 내가 어떻게 기도하는지 또는 어디에서 예배하거나 간증하는지에 국한되지 않는다. 그분은 내가 인생에서 하는 선택은 물론이고 친구 관계와 내가 하는 말과 취미와 시간 사용에도 관심이 있으시다. 바로 그런 이유로 잠언을 세속적이라고 일축하는 경우가 있다. 잠언이 세속적이지만 그래도 괜찮은데, 하나님은 우리가 거룩하다고 여기는 일만큼이나 세속적인 일에도 마음을 쓰시기 때문이다.

잠언은 일상생활의 수준에서 영향을 끼친다. 잠언에서 성경은 작업복을 입고 일하러 간다.

지혜는 누구를 위해 존재하는가?

지혜의 제안은 포괄적이다. 지혜에 대해 잠언은 이렇게 말한다.

[지혜는] 어리석은 자를 슬기롭게 하며 젊은 자에게 지식과 근신함을 주기 위한 것이니 지혜 있는 자는 듣고 학식이 더할 것이요 명철한 자는 지략을 얻을 것이라(잠 1:4-5).

지혜는 "어리석은" 자와 "젊은" 자를 위해 존재한다(1:4). 도덕적으로 순진무구하고 미숙하고 인생 경험이 없는 사람들을 위한 것이다.

잠언 1-9장은 그러한 집단을 대상으로 하여, 삶의 모든 압력과 마주한 아들을 향한 지혜로운 아버지와 어머니의 명령으로 구성되어 있다(1:8). 이 부분에서는 어리석고 자멸적인 행동으로 이어질 쟁점을 제기한다. 또래 압력의 위험성(1:8-19; 2:12-14)을 준엄하게 경고하고 무절제한 성적 모험 감행의 파괴력도 숱하게 경고한다(2:16-19; 5:1-23; 6:20-35).

이 말이 매우 요즘 이야기로 들린다면, 실제로 요즘 이야기이기 때문에 그렇다! 성, 돈, 권력은 우리의 결정을 관장하는 요소로 계속 존재하면서 우리 인생을 잘못된 방향으로 인도하기 쉽다.

이 부분의 잠언은 또 "지혜 있는" 자와 "명철한" 자를 위해서도 존재한다(1:5). 우리가 배우기를 잘한다면 우리의 지혜의 보물 창고가 커질 수 있다. 나이를 먹는다고 저절로 지혜로워지는 것은 아니다. 여기에는 은연중에 경고도 있는가? 지혜가 느는 것은 내려가는 에스컬레이터에서 뛰어올라가는 것과 같다. 맨 위로 무사히 올라가는 길은 하나뿐, 계속 가야 한다! 지혜는 정지 상태가 아니다. 지혜로운 사람은 새로운 통찰에 열려 있기 마련이고 더 많은 지혜를 늘 겸손히 추구한다. 현실에 안주하거나 다른 목소리에 귀를 기울이기 시작하는 그 순간, 우리는 어리석은 사람이 될 위험에 처한다. 바로 이런 일이 구약에서 가장 지혜로운 사람인 솔로몬에게 일어났다.

솔로몬왕이 바로의 딸 외에 이방의 많은 여인을 사랑하였으니… 솔로몬의 나이가 많을 때에 그의 여인들이 그의 마음을 돌려 다른 신들을 따르게 하였으므로 왕의 마음이 그의 아버지 다윗의 마음과 같지 아니하여 그의 하나님 여호와 앞에 온전하지 못하였으니(왕상 11:1, 4).

육십 줄에 들어선 지금, 나는 내가 겸손하고 잘 배우는 마음을 기르기를 기도한다. 어리석은 노인보다 더 비참한 사람은 없다.

지혜는 어디에서 나오는가?

여호와를 경외하는 것이 지식의 근본이거늘 미련한 자는 지혜와 훈계를 멸시하느니라.

잠언 1장 7절은 잠언 전체에서 표어 역할을 하는 성구다. 이 표현은 잠언에서 시작 부분인 여기부터 끝부분(31:30)에 이르기까지 두루두루 많이 나온다. 인도하심이 지혜롭게 결정을 내리는 것에 관한 것이라면 바로 이 지점에서 그 인도하심이 시작된다.

우리가 사는 문화에서는 하나님에 대한 경외처럼 시대에 뒤떨어진 개념은 거의 존중받지 못한다. 하나님이 존재한다면 분명 우리가 그분을 경외하기를 기대하지 않으신다는 것이다. 하나님은 대부분은 무시할 수 있으며, 그저 어려움을 겪을 때 호소하거나 재난을 겪을 때 비난할 수 있는 천상의 자비로운 보호자에 불과하다. 이러한 개념의 핵심에는 성경의 하나님에 대한 배척이 있고 두려움의 본질에 대한 오해가 있다.

성경에 계시된 하나님은 우리가 바랄 수 있는 것보다 더 은혜로우시고 자비하시다. 그와 동시에 우리가 상상할 수 있는 것보다 더 엄청나게 정결하시고 거룩하시다. 하나님을 참된 모습 그대로 알게 되는 바로 그때 우리는 그와 같으신 하나님께는 경건한 두려움으로 반응하는 것만이 합당하다는 것을 이해하기 시작한다.

하나님을 경외하는 것과 그분을 사랑하고 믿는 것은 함께 간다. 하나님은 무한하시면서 인격적이시다. 우리는 흙으로 된 피조물이니 그분의 한없는 정결의 신비 앞에 경외하며 절한다. 우리는 하나님 형상으로 지음 받은 사람이니 하나님을 알기를, 그분을 사랑하기를 열렬히 갈망한다. 하나님과 우리의 관계는 이 두 기둥을 중심으로 돌아가며, 둘 다 하나님과 건강한 관계를 맺는 데 필요하다. 뱃사람들이 바다를 사랑하지만 바다가 위험한 것도 알고 있듯이 우리는 하나님이 선하시지만 동시에 안심할 수 없다는 것을 인정해야 한다.

이러하신 하나님 때문에 생기는 경외는 하나님의 위엄에 대한 공경, 권위에 대한 경의, 진노에 대한 두려움을 포함한다. 그분을 '아버지 하나님'이라고 부르는 사람들은 경외와 극도의 공포를 혼동할 수 없다. 주님에 대한 진정하고 건전한 두려움은 우리를 지켜 죄를 짓지 않게 하고 다른 온갖 두려움을 몰아낸다. "두려워하지 말라 하나님이 임하심은 너희를 시험하고 너희로 경외하여 범죄하지 않게 하려 하심이니라"(출 20:20).

사람을 두려워하면 올무에 걸리게 되거니와 여호와를 의지하는 자는 안전하리라(잠 29:25).

어리석은 자들은 하나님을 전혀 인정하지 않고 살아가고 인간적 지략의 테두리 안에서만 결정을 내린다. 지혜로운 결정은 여행에서 북극성과 같으신 하나님을 기쁘시게 하는 사람들이 내린다.

잠언 읽기

이 지혜를 얻으려면 부지런히 찾아야 한다.

내 아들아 네가 만일 나의 말을 받으며 나의 계명을 네게 간직하며 네 귀를 지혜에 기울이며 네 마음을 명철에 두며 지식을 불러 구하며 명철을 얻으려고 소리를 높이며 은을 구하는 것같이 그것을 구하며 감추어진 보배를 찾는 것같이 그것을 찾으면 여호와 경외하기를 깨달으며 하나님을 알게 되리니(잠 2:1-5).

지혜를 정말로 찾고 싶다면 하나님에 대해서 진심이어야 한다.
그런데 잠언을 바르게 읽는 방법이 있고 틀리게 읽는 방법이 있는가? 어떻게 하면 잠언을 바르게 읽을 수 있는가?

1. 목걸이를 꿰라

잠언은 두 부분으로 나뉜다. 잠언 앞부분은 지혜를 찬양하는 조금 긴 묵상 또는 설교로 구성된다(1-9장). (31장의) 지혜로운 아내를 기리는 답관체(踏冠體, acrostic: 각 행의 첫 문자가 히브리어 알파벳 순서대로 나타나는 형식-역주) 시(詩)를 제외하면, 잠언의 나머지 부분은 간결한 개별 잠언으로 구성된다(10-30장). 같은 주제를 다루는 잠언이 연속으로 나오는 때도 있지만 그런 경우는 드물다. 잠언 10-30장에는 하나로 묶이는 주제가 들어 있지 않다. 이 부분의 잠언은 아름다운 목걸이를 만들기 위해 휘뚜루마뚜루 꿰어 놓은 듯한 다채로운 구슬꿰미와 같다. 빨강 구슬 옆에 파랑 구슬이 있다. 어울리는 빨강 구슬을 하나 더 찾을 때까지 세야 하는 구슬 수가 일정하지 않다.

빨강 구슬로 만든 목걸이를 원한다면 그 구슬꿰미를 쭉 따라가서 빨강 구슬을 골라내어 다시 꿰어야 할 것이다.

우정이라는 주제를 생각해 보라. 이 주제를 다루는 잠언이 많다.[3] 각 잠언은 우정을 여러 각도에서 접근하며 여러 관점을 반영한다. 전체 그림을 확보하려면 이러한 잠언을 모으고서 우정에 관한 지혜로운 선택과 관련한 지혜의 통찰을 얻어야 한다. 이 작업은 잠언을 직접 읽으면서 해도 되고, 그 작업을 대신 해 주는 성구 사전이나 웹사이트의 도움을 받아도 된다.[4] 그러고 나면 이 주제를 여러 측면에서 보여 주는 요약문을 대여섯 개 제시할 수 있을 것이다.

잠언이 일정한 규칙 없이 배열된 듯해도 우리가 무시하지 말아야 하는 더 넓은 맥락에 자리 잡고 있음을 기억하라. 잠언 앞부분에서는 개별 잠언을 읽을 기초를 제시한다. 하나님을 경외하고 지혜를 부지런히 찾는 것을 말함으로써 개별 잠언을 어떠한 맥락에서 읽어야 하는지를 알려 주는 것이다. 그리고 당연히 더 넓은 성경적 맥락이 있으니, 우리가 잠언을 성경 전체에 비추어 읽어야 한다는 것이다. 하나님의 목적은 우리를 구속하셔서 예수님이 본을 보여 주신 대로 형제보다 더 친밀한 영원한 친구 관계로 들어가게 하는 것이다(잠 18:24).

2. 이를 부러뜨리지 말라

잠언 10-30장은 간결하고 함축적인 격언 선집이다. 형식 면에서는 간결하고 생생하고 시적이다. 반응을 불러일으키고자 하는 재치와 상징과 역설이 특징이다. 현실의 축소판이어서, 이 잠언들을 읽다가 불현듯 "맞아, 인생이 바로 이렇지!"라며 깨닫는 순간이 있다.

다음과 같은 잠언을 읽을 때 우리는 싱긋이 웃으면서 어찌 된 일인지를 정확히 안다.

> 이른 아침에 큰 소리로 자기 이웃을 축복하면 도리어 저주같이 여기게 되리라(잠 27:14).

또 이런 사실을 떠올리고서는 움찔하기도 한다.

> 악인은 죽을 때에 그 소망이 끊어지나니 불의의 소망이 없어지느니라(잠 11:7).

잠언은 우리가 세상에 대해 생각하는 방식이 완전히 바뀌게 하려는 간결한 사실 폭격이다. 우리가 잠언이 작용할 시간을 내주어야 한다는 말이다.

다시 말하자면, 잠언은 눈깔사탕과 같아서 깨물어 먹으려고 하면 이를 부러뜨릴 수 있다. 필요한 시간을 충분히 들여서 단물을 빨아 먹어야 한다.

잠언은 가정이라는 정황을 배경으로 한다. 특히 잠언은 아버지가 아들을 훈계하는 형식을 취하는 경우가 많다.

> 아들들아 아비의 훈계를 들으며 명철을 얻기에 주의하라 내가 선한 도리를 너희에게 전하노니 내 법을 떠나지 말라(잠 4:1-2).

그래서 잠언이 남성 위주의 책처럼 들릴 수도 있으며, 포식 동물 같은 낯선 여자를 주의하라는 단락에서는 특히나 그렇게 들릴 수 있다. 훈계의 말씀은 어머니의 입에서도 나온다(1:8; 4:3; 10:1). 성경 전체에서 그렇듯이 우리는 문맥을 주의해서 보아야 하지만, 그런 다음에는 성별과 나이와 경험을 초월하는 원리와 적용을 도출해야 한다.

3. 결을 따라가라

학창 시절에 목공 선생님은 매번 우리를 작업대 주위에 모이게 하고서 "연장을 잘 건사하고 언제나 나무는 결대로 자르세요."라고 똑같은 말을 주문처럼 되풀이하는 것으로 수업을 시작하셨다.

나무를 자르는 바른 방법이 있고 틀린 방법이 있다. 나뭇결을 따라 자르면 더 매끄럽게 잘리고 섬유질이 상하는 것을 방지하게 된다.

나무를 자르는 바른 방법이 있고 '인생을 보내는' 바른 방법이 있다. 하나님은 구속주이실 뿐 아니라 창조주이시기도 하다. 하나님은 세상을 특정 방법으로 만드셨다. 잠언은 일반 진리에 관한 간결하고 기억하기 쉬운 여러 진술을 신적 영감을 받아 이어 놓았으며, 이들 진술은 하나님이 세상을 설계하신 그 방법을 결대로 따라간다. 그러한 진술은 세상이 어떤 식으로 존재하며 우리가 그 세상에서 어떻게 살아야 하는지를 드러낸다. 하나님은 세상을 만드셨으므로 세상이 어떻게 돌아가는지 아시니 이것을 무시한다면 무모하기 짝이 없는 짓이다.

하나님이 중력의 법칙을 만드셨는데, 그 법칙을 공공연히 어기면 위험에 빠진다. 우주의 물리 법칙은 하나님이 주신 선물이며 그 덕분에 생존이 가능해진다. 과학자들이 물리 법칙을 탐구하여 명확하게 설명해 낼 때, 그저 하나님을 따라 하나님의 생각을 하는 것에 불과하다. 인간의 행동 영역을 지배하는 비슷한 법칙이 여럿 있다. 그와 같은 기본 원칙은 보편적이고 누구에게나 적용된다. 그리스도인이지만 나도 비기독교인 이웃과 똑같이 중력의 법칙 아래 있다. 도덕의 영역에서도 마찬가지다. 대부분의 상황에서 나는 행동에 대한 하나님의 명쾌한 원칙을 무시할 수 없고, 신앙을 이유로 면책을 주장할 수 없다.

"손을 게으르게 놀리는 자는 가난하게 되고 손이 부지런한 자는 부하게 되느니라"라는 잠언 10장 4절을 예로 들어 보자. 이 잠언은 게으름과 노동을 주제로 하는 무척 많은 잠언 중에 하나다. 일하기를 거부하는 사람은 결국 가난하게 되지만, 열심히 일하는 사람은 대개 재산을 쌓기 마련이다. 바로 이것이 세상이 돌아가는 방식이다. 바로 이것이 하나님이 세상을 만드신 방법이다. 생각해 보면 당연한 일이다.

잠언 24장 27절의 "네 일을 밖에서 다스리며 너를 위하여 밭에서 준비하고 그 후에 네 집을 세울지니라"라는 말씀에 귀 기울이자. 계획을 세우고 우선순위를 정하는 것이 지혜롭다. 뻔히 아무 계획도 없는 믿음 안에서 무작정 앞으로 달려드는 것은 현명한 행동 방침이 아니다. 창조주 하나님의 설계 설명서를 무시했다면 변명의 여지가 전혀 없다. 결을 거슬러서 자르려고 하면 결국은 나무가 상하고 말 것이다. 인도하심에 관한 한, 하나님의 지침을 무시하고서도 현명하게 결정을 내릴 수 있다고 생각하지 말라.

4. 결을 가로질러 자르라

잠언은 창조주 하나님이 그분의 세상을 설계하신 방법을 서술하며, 바로 그 방법으로 세상이 돌아간다. 그렇지만 늘 그런 것은 아니다. 세상은 완전히 망가졌고 도덕적으로 부패했다. 이 말은 때로는 예상한 결과가 나타나지 않는다는 뜻이다.

아마 이러한 말씀이 보통은 사실일 것이다.

여호와를 경외하면 장수하느니라 그러나 악인의 수명은 짧아지느니라(잠 10:27).

하지만 나봇(왕상 21장)이나 스데반(행 7:54-60), 심지어 예수님(눅 23:44-49)의 경우에는 그렇지 않았다. 누군가는 잠언을 영생의 소망에 비추어서 해석해야 한다고 주장할지도 모르겠다. 성경 전체의 맥락에서 보면 아주 타당한 주장이지만, 이 잠언에는 현재의 삶에 적용할 일반 원칙을 제시하려는 의도가 없다.

아주 흔한 실수 중 하나가 잠언을 거의 확실한 진리에 대한 일반적 서술로 보지 않고 절대 진리로 여기는 것이다. 잠언은 선과 악, 지혜와 어리석음 등 절대적인 표현으로 말하는 편이다. 이것이 궁극적인 의미에서는 틀리지 않지만, 이 세계에서 우리의 경험에 늘 반영되지는 않는다. 이러한 이유로 구약의 지혜서에는 욥기와 전도서도 포함된다.

욥의 위로자들은 세상이 돌아가는 방식에 대해 융통성 없는 관점을 지녔다. 욥이 아무리 항변해도 이들이 보기에 친구인 욥의 고난은 그가 은밀한 죄를 숨기고 있다는 확실한 증거다. 욥기 마지막에 나오는 여호와의 책망은 우리에게 잠언을 지나치게 융통성 없이 해석하지 말라고 경고하는 말씀일 것이다(욥 42:7-9).

잠언은 의롭게 살아가라고 요구한다. 우리 창조주께서는 우리가 어떻게 지음을 받았는지 아시며 그분의 규례는 우리에게 최적의 성공 기회를 제공하므로, 의로운 삶은 흔히 복으로 이어진다. 그러나 부서진 세계에서는 의로움이 고통과 손해로 이어지는 것도 당연하다. 그와 같은 상황에서도 우리는 하나님을 경외하고 옳은 일을 행하고 결과는 하나님께 맡기라고 부르심을 받는다. 잠언이 사랑을 많이 받는 책이지만 소위 번영 복음(prosperity gospel)* 옹호자들에게 심하게 악용될 수도 있는 이유가 이것이다. 잠언을 성경의 더 넓은 맥락에서 이해하면 이 번영 복음이 얼마나 틀렸는지 보일 것이다.

인도하심에 관해서라면, 잠언은 지혜로운 길이 언제나 옳은 길이라고 보여 줄 것이다. 잠언은 우리가 택한 길에 빛을 비춰 줄 것이다. 우리가 따라가는 데 도움이 될 동기를 자주 제시해 줄 것이다. 그러나 세속적 성공은 전혀 보장하지 않는다.

마지막 한마디

성경은 은혜 중심인 책이다. 그리스도의 복음이 성경에 생기를 불어넣는데, 이는 잠언에 대해서는 틀림없는 사실이다. 잠언을 읽었는데 어떤 식으로든 은혜가 줄어든다면 잠언을 잘못 읽은 것이다.

예수님은 최고의 지혜자이시고 그분의 지혜는 솔로몬의 지혜를 대체한다(눅 11:29-32). 예수님의 어린 시절(눅 2:41-50)과 젊은 랍비 시절(막 6:2)에 율법 선생들이 그분의 지혜에 놀랐다. 예수님이 우리의 지혜가 되신다. "너희는 하나님으로부터 나서 그리스도 예수 안에 있고 예수는 하나님으로부터 나와서 우리에게 지혜와 의로움과 거룩함과 구원함이 되셨으니"(고전 1:30).

---

* 번영 신학(prosperity theology)은 그리스도인들이 신체 건강과 재정적 번영을 맛보는 것이 언제나 하나님의 계획이라는 신념이다. 만일 그리스도인들이 건강과 번영을 맛보지 못한다면 믿음 부족 때문이라는 것이다.

복음은 나쁜 사람들에게 좋은 소식이요, 미련한 결정을 내린 사람들에게 지혜다. 솔로몬조차도 자기 자신의 조언을 따르지 않아서 결국은 파멸로 인생을 마감했다(왕상 11:1-25). 자기들이 저지른 어리석음의 결과를 응당 감당해야 하는 어리석은 자들을 위해서 가장 지혜로우신 분이 십자가에서 죽으셨다.

여기 인도하심이라는 주제의 마지막 적용이 있다. 우리는 때때로 어리석은 결정을 내린다. 그러한 어리석은 결정이 판단 실수인 경우가 있다. 때로는 노골적으로 악하기만 할 뿐인 경우도 있다. 그렇지만 가장 어리석은 결정조차도 하나님의 목적을 무산시키거나 하나님의 은혜를 소멸시키지 않는다. 우리의 모든 지혜는 그리스도 안에서 발견된다. 그분이 북극성이시니 우리는 시선을 그분께 고정해야 한다.

이러므로 우리에게 구름같이 둘러싼 허다한 증인들이 있으니 모든 무거운 것과 얽매이기 쉬운 죄를 벗어 버리고 인내로써 우리 앞에 당한 경주를 하며 믿음의 주요 또 온전하게 하시는 이인 예수를 바라보자 그는 그 앞에 있는 기쁨을 위하여 십자가를 참으사 부끄러움을 개의치 아니하시더니 하나님 보좌 우편에 앉으셨느니라(히 12:1-2).

'하나님은 우리에게 지혜를 주겠다고 약속하신다' 핵심 내용

❶ 하나님은 우리에게 하나님을 기쁘시게 할 결정을 내릴 지혜를 주심으로써 우리를 인도하신다.

❷ 지혜는 바르게 적용된 지식이다.

❸ 성경 전체를 읽고 순종하면 지혜롭게 되기 마련인데, 잠언이 특별히 이것을 약속한다.
❹ 잠언에 계시된 하나님의 지혜는 우리 삶의 전 영역을 다루며, 누구든지 그 지혜를 찾으려는 사람에게 제공된다.
❺ 하나님에 대한 경외가 지혜의 출발점이다.
❻ 지혜를 원한다면 지혜를 구하는 기도를 하고 부지런히 찾아야 한다.
❼ 어느 주제에 관해서든 해당 주제를 다루는 잠언을 내리 연결하면 지혜를 발견할 수 있다.
❽ 우리는 개별 잠언을 시간을 들여서 묵상해야 한다.
❾ 잠언이 대체로 통하는 일반 진리를 계시하지만 현세의 번영에 대한 틀림없는 약속은 아님을 잊지 말라.
❿ 궁극적인 지혜는 예수님 안에서 발견되며 우리가 바보처럼 굴었다고 해서 그것으로 끝이 아님을 기억하라. 예수님이 어리석은 자들을 구속하기 위해 오셨다.

생각하기

1. 잠언 1장 1-7절을 읽으라. 이 구절은 지혜의 근원과 유익에 대해 무엇을 알려 주는가?

2. 잠언 3장 11-12절은 우리에게 잘 배우려는 마음을 계속 유지하라고 권한다. 이 말이 무슨 뜻이며, 왜 중요한가?

3. 주제 하나를 선택해서 그 주제를 다루는 잠언을 모으기 시작하라. 수집한 잠언을 대여섯 가지 요약문으로 통합해 보라. 당신은 미주 3에 있는 우정에 관한 여러 잠언을 이용해 이 작업을 하고 싶을 수도 있겠다.

4. 이번 장에서는 주로 어떤 교훈을 배웠는가? 인도하심에 대한 자신의 사고방식에 그러한 교훈이 어떻게 영향을 미치겠는가?

Invest
Your
Future

06 이렇게 하면 어떨까?

그 일은 아침 먹을 때 시작되었다

우리는 어느 유명 패스트푸드점에서 아침을 먹다가 그 결정을 내렸다.

나는 우스터에 있는 어느 교회에서 10년 남짓 목회를 하고 있었다. 그 시절의 대부분 동안 피터와 동역했고 우리는 멋진 팀이었다. 그런데 교회가 커지고 있어서, 우리와 합류해 동사목사(co-pastor)로 나와 동역할 젊은 사람을 찾고 싶었다. 몇 년 후에 나는 떠날 테고 그 사람이 담임목사가 되리라는 생각도 했다.

아침 식사를 끝내기 전에 그 결정을 내렸고, 그것을 장로님들과 교회 전체와 공유하기에 앞서 우리가 찾고 있는 사람의 약력을 고려해 보기 시작했다.

전에 나는 리처드를 가르쳤는데, 리처드는 우리가 딱 원하는 유형의 사람이었다. 리처드가 이제 막 다른 교회의 청빙을 받아들이지 않았더라면 리처드에게 연락했을 것이다.

나는 레딩에서 열리는 목회 후원 모임에서 사회를 맡을 예정이었다. 나는 기차에서 내려 그 모임이 열리는 교회로 걸어가면서 기도했다. '주님, 저희가 무엇을 생각하는지 아시지요. 저희를 리처드와 같은 사람에게 데리고 가소서. 리처드는 저희에게 필요한 바로 그런 사람입니다.'

아주 구체적인 기도였다!

모임 장소에 도착했다. 그곳에는 목사 열 명이 있었다. 우리는 함께 기도하기 시작했고, 나는 제일 처음 사람의 기도를 듣고 소스라치게 놀랐다. "주님, 오늘 리처드와 함께해 주시기를 간구합니다. 리처드가 청빙이 무산되었기 때문에 무척이나 낙심하리라는 것을 주님은 아십니다. 리처드의 길을 인도해 주시고, 리처드가 기다리는 동안 평안을 누리게 하소서."

간단히 말하자면, 다른 교회에서 리처드를 청빙했지만 그 청빙이 무산되었다. 나는 그날 중에 리처드와 통화했다. 그해가 끝나기 전에 리처드가 동사목사로 부임했다. 3년 후 내가 목회지를 이동했고, 그 교회는 리처드의 목회 사역 아래 성장하고 있다!

아마 우리 누구에게나 인도하심을 아주 특별하게 체험한 이야기가 있을 것이다.

어쩔 수 없는 상황, 강력하고 떨쳐 낼 수 없는 인상, 또는 다른 사람의 느닷없는 개입 등을 통해서 우리는 하나님이 우리를 명백하고도 예상치 못한 길로 인도하시는 것을 알았다. 내 경험상 그러한 인도하심은 보기 드물고, 찾던 것이 아니고, 언제나 검증이 필요하기는 하지만 명백하다.

앞에서 보았듯이 하나님은 우리가 성령님께 의지하여, 이성을 사용하고 기도하며 성경을 접함으로써 평생 하나님의 뜻을 구하기를 기대하신다. 그러나 인도하심에 관해서라면 거기에 다른 요소를 몇 가지 더 추가해야 한다. 각각의 경우에 그러한 요소를 해석하는 바른 방법과 잘못된 방법이 둘 다 있다.

이러한 요소를 완전히 무시해야 하는가?

우리는 노골적으로 무시하기보다는 더 은근하게 접근해야 한다. 그와 같은 것을 요구하는 것은 옳지 않으며, 때로는 그것 때문에 잘못된 길로 들어설 수 있고 위험할 수도 있다. 그것을 받는 것을 조건으로 인도하심을 판단해서는 안 된다. 그러나 바르게 이해하면 결정 과정의 한 부분이 될 수 있다. 하나님은 주권자이시므로 원하시는 때에 놀라운 방식으로 개입하실 수 있다.

이번 장에서 살펴볼 사항은 다음과 같다.

1. 상황
2. 양털
3. 강력한 느낌
4. 조언

1. 상황: 섭리 덕분에 생각나는 것

우리는 하나님이 우리 삶의 세세한 부분을 하나도 빠짐없이 다스리시며 여기에는 머리카락처럼 하찮은 것까지도 포함된다는 것을 안다(눅 12:7). 그분은 우리에게 모든 것이 합력하여 선을 이루도록 적극적으로 일하신다(롬 8:28). 그래서 우리는 장래 일을 생각할 때 겸손해져야 한다. 성경은 우리에게 계획을 세울 것을 권장한다. 바울은 단기 계획(행 20:16; 고전 4:19)과 장기 계획(행 18:21; 고전 16:5-7) 둘 다 세웠다. 하지만 거기에는 하나님께 여쭤보지 않고 계획을 세우고서는 나중에야 생각이 나서 하나님께 자기들에게 복을 달라고 요청하는 오만한 마음이 끼어들 여지는 전혀 없다.

야고보는 우리에게 이렇게 경고한다.

> 들으라 너희 중에 말하기를 오늘이나 내일이나 우리가 어떤 도시에 가서 거기서 일 년을 머물며 장사하여 이익을 보리라 하는 자들아 내일 일을 너희가 알지 못하는도다 너희 생명이 무엇이냐 너희는 잠깐 보이다가 없어지는 안개니라 너희가 도리어 말하기를 주의 뜻이면 우리가 살기도 하고 이것이나 저것을 하리라 할 것이거늘 이제도 너희가 허탄한 자랑을 하니 그러한 자랑은 다 악한 것이라(약 4:13-16).

그렇기는 하지만 우리가 지혜롭다면 결정을 내릴 때 상황을 고려할 것이다. 냉철하고 사리에 맞게 상황을 살펴보는 것은 할 수 있는 한 섭리를 잘 읽어 낸다는 말이다.

예를 들어 설명해 보겠다. 일자리를 새로 구하기로 결정해야 한다고 해 보자. 나는 무엇을 질문해야 하는가?

- 하나님은 내가 이 일을 하나님의 영광을 위해 해낼 재능을 주셨는가?
- 급여가 독신이나 기혼인 사람으로서, 또는 가족이 있는 사람으로서 내 필요를 충분히 감당할 만한가?
- 아이들을 학교에 보내거나 내가 교회에서 봉사하는 일에 관한 한 적당한 때가 되었는가?[1]

고려해 보고 싶다면 그 밖의 상황적 요소가 될 수 있는 것들도 이어서 생각해 볼 수 있다.

고려해야 하는 중요한 원칙 하나가 열린 문이라는 원칙이다. 이것을 신약에서 몇 번 언급한다.[2] 각 경우에 열린 문은 기회가 생겼다는 표시다. 이는 대개는 복음의 진전과 관련이 있다. "내가 오순절까지 에베소에 머물려 함은 내게 광대하고 유효한 문이 열렸으나 대적하는 자가 많음이라"(고전 16:8-9).

또 다른 경우에 바울은 그와 같은 복음의 기회가 생기기를 기도해 달라고 요청한다. "또한 우리를 위하여 기도하되 하나님이 전도할 문을 우리에게 열어 주사 그리스도의 비밀을 말하게 하시기를 구하라 내가 이 일 때문에 매임을 당하였노라"(골 4:3).

그런데 여기서 살짝 조심해야 한다. 기회가 생겼다고 해서 그것이 반드시 올바른 행동 방침이라는 뜻은 아니다. 우리가 기회를 거절하게 하는 다른 요소가 있을 수도 있다. 실제로 바울도 그랬다.

> 내가 그리스도의 복음을 위하여 드로아에 이르매 주 안에서 문이 내게 열렸으되 내가 내 형제 디도를 만나지 못하므로 내 심령이 편하지 못하여 그들을 작별하고 마게도냐로 갔노라(고후 2:12-13).

열린 문은 인도하심을 적확하게 나타내는 표시라기보다는 어떠한 결정에 도달하기까지 저울질해야 하는 중요한 요소다. 기회는 하나님이 주권적으로 지도하신 결과로 생긴다. 그래서 기회를 활용하는 것, 즉 그 문을 통과하는 것이 보통은 지혜로운 결정이다. "그런즉 너희가 어떻게 행할지를 자세히 주의하여 지혜 없는 자같이 하지 말고 오직 지혜 있는 자같이 하여 세월을 아끼라 때가 악하니라"(엡 5:15-16).

그렇지만 환경이 우리를 어느 한 길로 끌고 갈 수도 있는 상황이 생기는데, 더 냉철하게 생각해 보면 우리가 고려 중인 행동 방침이 하나님의 뜻을 거스른다는 사실을 의식하게 된다. 요나는 하나님에게서 도망치는 중이었다. 하나님은 요나를 동쪽에 있는 니느웨로 보내셨지만, 요나가 항구에 도착해 보니 참으로 우연하게도 정반대 방향으로 가는 배가 있었다.

> 그러나 요나가 여호와의 얼굴을 피하려고 일어나 다시스로 도망하려 하여 욥바로 내려갔더니 마침 다시스로 가는 배를 만난지라 여호

와의 얼굴을 피하여 그들과 함께 다시스로 가려고 뱃삯을 주고 배에 올랐더라(욘 1:3).

R. T. 켄달(R. T. Kendall)은 이것을 일컬어 '죄의 섭리'라고 한다.[3] 요나는 도망치기로 결정했는데(마음먹었는데?), 자, 이것을 보라. 요나가 도망치는 것을 도와줄 배가 있었다!

그 상황을 반대로 보면, 열린 문이 없다는 것이 어느 행동을 고려하지 말아야 한다는 뜻은 아니다. 환경이 부정적으로 보이고, 기회가 없으니 우리가 아무 행동도 하지 말아야 한다는 의미로 판단하는 상황도 있다. 하지만 이것은 게으름에 대한 변명이 될 수 있다. 어쩌면 우리는 상황을 더 창의적으로 또는 더 용감하게 생각해 보아야 할지도 모른다.

코로나19 봉쇄 조치는 복음주의에 거대한 난제를 제시했다. 문들이 문자 그대로 봉쇄되었다! 이 상황을 선교적 동면에 들어가라는 초대장으로 받아들일 수도 있었다. 그러나 많은 그리스도인이 창의성과 비전과 기발한 방법으로 대응했다. 많은 경우에서 문이 경첩에서 들려 올라갔다!

어려운 여건이 아니라 신앙과 성경에 따라 결정을 밀고 나가야 한다. 개척자처럼 용감한 선교사 대부분은 좀처럼 역경을 핑계로 포기하지 않았다.

하나님의 섭리를 읽어 내려고 할 때 피해야 하는 함정이 더 있다. 때로 우리는 완전히 잘못 이해한다. 욥의 위로자들을 생각해 보자. 그들은 욥의 상황을 보니 욥이 하나님께 죄를 지었다고 확신했다. 상황을 완전히 잘못 파악했으며(욥 1:21-2:13), 욥기 마지막 부분에서 하나님은 "너희가 나를 가리켜 말한 것이 내 종 욥의 말같이 옳지 못함이니라"(욥 42:7)라며 그들을 꾸짖으셨다.

하나님의 인도하심을 바르게 이해했다고 해서, 우리가 아무 고통 없는 처지가 되는 것은 아니다. 하나님은 바울에게 2차 선교 여행 중에 마게도냐로 가라고 분명하게 지시하셨다. 사도행전 16-17장을 읽어 보면 바울이 마게도냐에서 힘겨운 시간을 보냈음을 알게 될 것이다. 빌립보에서는 매질을 당하고 감옥에 갇혔고, 데살로니가에서는 내몰렸고, 아덴에서는 조롱거리가 되었다. 바울이 고린도에 도착했을 무렵에는 "내가 너희 가운데 거할 때에 약하고 두려워하고 심히 떨었노라"(고전 2:3)라고 할 정도로 의기소침해 있었다.

이러한 고통스러운 상황은 바울이 인도하심을 잘못 파악했다는 뜻인가?

절대로 그렇지 않다! 마게도냐 지역에 교회들이 세워졌고 복음이 왕성해졌다.

하나님은 결코 우리에게 편한 길을 약속하지 않으셨다. 우리는 십자가에 달리신 구주를 따르는 사람들이다. 또 교회를 세우는 것뿐 아니라 우리가 그리스도를 닮도록 변화시키는 것도 하나님의 목적임을 기억하자.

상황에 지나치게 강조점을 두지 않도록 주의해야 한다. 하나님은 사건을 사용하여 신탁을 만들 권한을 우리에게 주지 않으셨다.

하나님이 우리를 인도하신 경로를 돌이켜 보면 우리는 확신할 수 있다. 나는 1979년에 결혼했다. 아내가 하나님이 내가 결혼하기를 원하신 바로 그 사람이었다고 나는 자신 있게 말할 수 있는가? 우리의 만남과 교제 시작과 결혼을 막을 요인이 얼마든지 있을 수도 있었다. 하나님은 섭리로 내 발과 마음을 이 여인에게 이끄셨다. 이 여인은 미혼인 그리스도인 여자였고 나는 미혼인 그리스도인 남자였으며, 우리는 사랑에 빠졌다! 돌이켜 보건대, 그 정도 사실이면 내가 아내를 만나고 결혼하는 것이 내 인생에 대한 하나님의 뜻이었다고 확신할 수 있다. 우리가 교제하기 시작했을 때는 그러한 확신이 없었지만 이제 나는 아내가 바로 그 사람이었음을 안다!

2. 양털: 젖었느냐 말랐느냐로 결정

내가 젊은 그리스도인이던 시절에 그리스도인들이 '바깥에 양털 두기'를 아주 흔하게 이야기했다. 그것은 일종의 상황 신호로 하나님께 그분의 뜻을 명확하게 밝히실 기회를 드리려는 것이다. 이것이 때로는 비교적 합리적일 수 있다. 예를 들자면 이런 식이다. "나는 일자리 두 곳에 지원했어. 어느 곳에서 취업 제의를 받든지 먼저 제의가 오는 곳으로 가겠어."

이러한 태도는 지혜를 가장한 것이라고 말할 수도 있다. 우리가 하나님을 시험하려는 것은 아니지만 그저 타당하고 측정할 수 있는 목표를 정하는 것인 경우가 있다.

때로는 사뭇 괴상할 수도 있다. 예를 들어 "다음에 창문 밖에 보이는 차가 빨간색이면, 샐리한테 데이트 신청을 하겠어."와 같은 식이다. (내 친구 한 명이 실제로 비슷한 데이트 전략을 썼다. 그 친구가 지금 행복한 결혼 생활을 하고 있으니 운이 좋은 셈이지만, 샐리와 결혼한 것은 아니다!)

이 원칙의 바탕에는 기드온 이야기에 대한 오독이 있다.

하나님은 기드온이 미디안에게 이길 것이라고 말씀하셨다(삿 6:12-16). 하나님은 기드온의 믿음을 북돋우시고자 분명한 징표를 주셨다(삿 6:17-24). 기드온에게 하나님의 영도 부어 주셨다(삿 6:33-35). 바로 이 순간에 기드온이 징표를 구했고, 징표를 받은 후에 한 번 더 주시기를 구했다(삿 6:36-40). 분명한 것은 양털이 인도하심과는 전혀 관계가 없다는 것이다. 하나님은 이미 명확하게 명령하셨다. 기드온이 자기가 해야 하는 일을 확신하고자 징표를 구한 것도 아니다. 하나님은 이미 하나님의 뜻을 기드온에게 충분히 보여 주셨다. 그 행동은 믿음이 충만한 사람의 행동이 아니라 하나님을 의심하는 사람의 행동이었다. 하나님은 그분의 종에게 믿기 어려울 정도로 은혜와 인내를 베푸시는 분이었고, 기드온도 그것을 알았다.

> 기드온이 또 하나님께 여쭈되 주여 내게 노하지 마옵소서 내가 이번만 말하리이다 구하옵나니 내게 이번만 양털로 시험하게 하소서 원하건대 양털만 마르고 그 주변 땅에는 다 이슬이 있게 하옵소서 하였더니 그 밤에 하나님이 그대로 행하시니 곧 양털만 마르고 그 주변 땅에는 다 이슬이 있었더라(삿 6:39-40).

이러한 접근법의 가장 큰 위험은 성경적으로 생각하기라는 까다로운 일을 건너뛰고자 한다는 것이다. 이것은 힘든 일은 하지 않고서 기성품과 같은 답을 원하는 접근법이다. 하나님은 은혜로우시니, 우리가 결함이 있는 방법을 기반으로 어리석은 결정을 내리지 않도록 지켜 주실 수도 있다. 하나님은 그분의 자녀들을 모두 그렇게 지켜 주실 것이다. 우리는 모두 잘못 이해하는 경우가 있기 때문이다. 하지만 이것은 변명이 되지 않는다. 인도하시는 과정이 우리를 변화시키고자 계획된 길이라면, 우리는 지름길을 의심해야 한다.

3. 강력한 느낌: 하나님이 내게 말씀하셨다

성령님이 오늘날 우리에게 예감이나 느낌이나 직감을 통해서 말씀하시는가? 3장에서 이 내용을 생각해 보기 시작했다. 이제 좀 더 자세히 다뤄 보자.

나는 두 가지 극단을 피해야 한다고 본다. 한쪽 끝에 있는 견해를 따르면 우리는 결정에 직면할 때마다 초자연적인 형태로 들려오는 조언을 수시로 찾아야 한다. 이 견해에서는 "주님이 나한테 말씀하셨다."라거나 "나는 성령님께 이끌려서 이렇게 했다."와 같은 특정 어휘를 사용한다. 이 견해는 마치 하늘과 직통 전화선이 있는 것처럼 보이면서 논박할 수 없는 확신이라는 느낌을 전달한다. 전능하신 하나님께 직접 들었다는 사람과 논쟁하기는 쉽지 않다!

반대편 끝에는 인도하심에 관해서라면 하나님이 우리에게 조언을 들려주실 여지를 전혀 남기지 않는 견해가 있다. 이 견해에서는 강력한 느낌을 받았다는 기분이나 확신이 모조리 의혹의 대상이다. 하나님을 우리에게서 멀찌감치 밀어 놓고 하나님과 우리 영혼 사이의 인격적 소통을 좀처럼 인정하지 않는다.

진리는 어디에 있는가?

우리는 감정의 주관성에 주의해야 한다. 감정은 강력하다. 우리는 순간적으로 의기양양하거나 망연자실할 수 있다. 마음에 원한을 심을 수도 있고 기뻐서 펄쩍 뛸 수도 있다. 감정은 외적 환경이나 내적 기질에 자극받을 수 있고, 생각지도 않게 그냥 생길 수도 있다. 감정도 인간인 우리의 선천적 요소다.

예수님은 완전한 사람이셨고 다채로운 감정을 느끼며 사셨다. 친구 나사로의 죽음을 슬퍼하셨고(요 11:35), 하나님을 존중하지 않거나 다른 이들을 이용하는 자들에게 화를 내셨다(마 21:12-13; 막 3:5). 우리는 하나님을 우리의 존재를 다해 사랑해야 하고, 여기에는 감정도 반드시 포함되어야 한다.

그렇지만 감정이 우리의 도덕적 잣대를 망가뜨리게 해서는 절대로 안 된다. 느낌이 강하더라도 우리가 성경을 거슬러 행동하게 한다면 하나님이 주신 감정이 아니다. "나는 결혼 서약을 깨뜨리고 새로 관계를 시작하는 것이 하나님에게서 온 거라는 걸 알아. 왜냐하면 내 기분이 좋거든. 그 생각을 하면 기분이 좋은 걸 보면, 이건 틀림없이 하나님의 선물이야."라고 말한다면 그 사람은 착각에 빠진 것이다.

우리 감정이 갈망과 욕구에 얽매여 있어서, 욕구를 채워야 한다는 내적 충동이 강하게 생기는 때가 많다. 우리의 욕구 일체는 하나님 안에서 채워져야 한다. 어느 것이든 우리를 하나님 밖으로 몰아가는 것이 있다면 의심해 보아야 한다.

하나님이 주권적으로 특정 행동을 하도록 강력하게 촉구하실 수도 있다. 우리에게 특정한 방법으로 행동해야 한다는 부담이나 확신을 주실 수도 있다. 이번 장 서두에 나온 리처드 이야기가 그와 같은 촉구에 해당한다. 그렇기는 해도 우리는 성경이 이러한 형태의 인도하심은 약속하지 않는다는 것을 분명히 해 두어야 한다.

내적 평화라는 주관적 느낌은 어떤가? 어떤 이들은 내적 평화를 인도하심의 필수 요소로 여긴다. 이것은 기차역에서 대기 중인 열차와 같다. 문이 닫혔고, 엔진이 돌아가고 있고, 기관사도 제자리에 있지만, 청신호가 없으면 기관사는 이동하지 않는다. 우리가 걸음을 내디디려면 내적 평화라는 청신호가 필요하다. 청신호가 없으면 아무 데도 가지 않는다.

이들은 골로새서 3장 15절에 나오는 "그리스도의 평화가 여러분의 마음을 지배하게 하십시오. 이 평화를 누리도록 여러분은 부르심을 받아 한 몸이 되었습니다. 또 여러분은 감사하는 사람이 되십시오"(새번역)라는 말씀을 근거로 이렇게 확신한다. 내적 평화가 청신호라는 것이다.

유감스럽지만, 골로새서 3장 15절은 올바른 결정에서 나오는 내적 평화와는 아무 관계가 없다! 이 문맥에서는 교회 안에서 화목할 것을 요구한다(골 3:12-14). 그리스도인 사이에 다툼이 일어났을 때 "그리스도의 평화"가 심판이나 중재자 역할을 해야 한다는 말이다.

우리가 어느 결정에 이르게 되면 보통은 일정 기간 아주 힘들게 신중하게 생각한 끝에 내린 결정이다. 결정 시점에 평화로운 기분이 드는 것은 지극히 타당하며, 또 그러한 내적 평화가 하나님의 격려일 수도 있는 이유는 우리가 하나님이 성경에 계시하신 뜻을 따라서 결정을 내렸다는 것을 알기 때문이다. 그러나 내적 평화를 주시겠다는 약속이나 보장은 없다. 바울은 고린도에서 말씀을 전하기로 결정한 후에도 여전히 약하고 두려웠다(고전 2:3). 우리의 마음은 속기 쉬워서 하나님의 뜻을 거스르는 결정을 할 때조차도 평안하다는 느낌이 들 수 있다.

그러면 우리는 감정을 어떻게 가늠해 보아야 하는가?

우리는 감정을 무시해서는 안 되지만, 감정에 지나치게 의존해서도 안 된다. 자신이 사용하는 표현에 주의해야 한다. 충동이나 직감이 성경과 중요도가 같다거나 다른 어느 고려 사항보다 믿음직하다고 주장한다면 오만이고 어리석은 일이다. 모든 것이 그렇듯이 충동이나 직감도 성경으로 확인해 보아야 한다. 자신의 감정이 틀릴 수도 있다는 가능성에 겸손히 마음을 열어 두어야 한다. 우리가 조언을 구하는 사람들과 감정을 놓고서 논의해 봐도 좋다.

그러나 앞에서 다 말했듯이 하나님은 우리를 아시고 그분 안에서 기뻐하라고 부르시며, 우리가 그렇게 하면 우리 마음의 소원을 이루어 주겠다고 약속하신다(시 37:4). 친절하시게도 하나님은 어느 결정을 확정해 주실 수도 있는데, 그때는 그 결정에 하나님이 함께하신다는 느낌을 생생하게 주신다. 불편한 기분을 무신경하게 무시해서는 안 된다. 기본자세는 우리가 마음을 정하는 것이고(고전 7:37), 생각하고 또 생각해 보아도 여전히 확실한 기분이 들지 않는다면 있던 자리에 그대로 있는 편이 제일 낫다(고전 7:17-23).

4. 조언: 귀는 두 개, 입은 한 개

아마 알고 있을 오래된 격언으로 "우리는 귀가 두 개이고 입이 한 개여서 말하는 것보다 듣는 것을 두 배로 할 수 있다."가 있다.[4]

이 말은 그리스 철학자이자 1세기에 네로 황제의 신하였던 에픽테토스(Epictetus)가 했다고 한다. 에픽테토스보다 천 년 전 인물인 솔로몬 왕도 이 원칙을 잘 알고 있었다. 잠언에서는 이 원칙을 몇 차례 명확하게 말한다.

> 미련한 자는 자기 행위를 바른 줄로 여기나 지혜로운 자는 권고를 듣느니라(잠 12:15).

> 사연을 듣기 전에 대답하는 자는 미련하여 욕을 당하느니라(잠 18:13).

> 내 아들아 지식의 말씀에서 떠나게 하는 교훈을 듣지 말지니라(잠 19:27).

> 지략이 없으면 백성이 망하여도 지략이 많으면 평안을 누리느니라(잠 11:14).

교만에서는 다툼만 일어날 뿐이라 권면을 듣는 자는 지혜가 있느니라(잠 13:10).

너는 권고를 들으며 훈계를 받으라 그리하면 네가 필경은 지혜롭게 되리라(잠 19:20).

잠언의 맥락상 이것은 솔로몬이 하나님께 받은 지혜에 귀 기울이라는 요청이다. 우리에게는 성경에 귀 기울이고 우리의 계획과 목적이 하나도 남김없이 성경의 지도에 따르게 한다는 의미다. 인도하심에 관해서 성경이 핵심적인 역할을 한다는 것을 인정하는 것이다.

그렇기는 하지만 더 넓게 적용할 수도 있다. 서구의 개인주의 문화에서는 결정을 사뭇 개인의 문제라는 면에서 생각하는 경향이 있다. 우리는 "무엇이 맞는가?"를 묻는 대신 "무엇이 내게 맞는가?"를 묻는다. 그러고 나면 "누구든지 내 결정에 감히 의문을 제기하는 자에게는 화가 있으지어다." 하기 쉽다. 성경의 지혜는 이러한 태도에 이의를 제기한다. 위에서 인용한 성경 구절을 다시 읽어 보라.

성경은 우리에게 다른 사람과 협력하는 가운데 결정을 내리라고 한다. 다른 사람에게 조언을 구하려면 겸손이 필요하다. 남들이 우리에게 맞장구치지 않을 수도 있다! 그렇지만 사람이 많은 곳에 지혜가 있을 수 있다. 모세의 장인은 모세의 목숨을 구했을 수도 있는 조언을 모세에게 해 주었고(출 18:17-23), 바울은 갈라디아에 있는 교회에 요청받지도 않았는데 강하게 단도직입적으로 조언했다(갈 1:6-10).

우리의 신앙은 개인적(personal)이지만 결코 사적(private)이지는 않다. 우리는 지역 교회의 정황에서 신앙을 행할 수 있을 뿐이다. 우리가 그리스도와 연합되었다면, 그분의 백성과도 연합되어 있다. 내 결정이 우리 교회 식구에게 어떻게 영향을 미칠까?

우리는 누구에게 귀 기울이는가? 여기에서 바른 결정을 내리는 것이 중요하다.

솔로몬의 아들인 르호보암은 아버지가 자문하던 사람들의 조언과 자기와 함께 자라난 젊은이들의 조언 중 하나를 선택해야 했다(왕상 12:1-24). 르호보암은 그릇 선택했고, 그것은 참혹한 결과를 낳았다. 우리는 신중하게 선택해야 한다. 신앙이 성숙한 사람들, 즉 성경을 제대로 이해하며 우리를 알고 우리를 사랑하는 사람들을 찾아야 한다. 그러하다면 대개 성숙한 그리스도인일 것이고, 거기에는 교회 지도자들이나 그 외 우리보다 그 여정에 더 오래 있었던 사람들이 포함될 것이다.

그리스도인이 아닌 사람들에게 조언을 구해야 하는가? 우리가 어떠한 종류의 조언을 찾고 있는지에 따라 달라진다. 그리스도인이 아니어도 어느 한 분야의 전문가라면 매우 도움이 될 것이다. 그렇지만 우리가 명심해야 할 것은 그 사람 나름의 세계관이 있으니 걸러서 들어야 한다는 것이다. 지나치게 많은 사람과 상담하거나 우리 말에 맞장구치는 사람을 만날 때까지 찾는 것을 주의해야 한다. "적당한 말로 대답함은 입맞춤과 같으니라"(잠 24:26).

인도하심을 구하는 것이 전부 하나님을 알아 가고 그리스도를 닮아 가는 과정 일부임을 기억하자. 하나님은 다른 이들의 조언과 지시를 우리의 동기를 점검하고 우리를 단련하는 데 사용하신다. "철이 철을 날카롭게 하는 것같이 사람이 그의 친구의 얼굴을 빛나게 하느니라"(잠 27:17).

이번 장에서 네 가지를 고려했는데, 그중 경건한 조언을 구하는 것이 결정을 내리는 과정에서 중요한 부분에 놓일 자격이 있다. 그런데 여기에도 피해야 하는 함정이 있다.

그리스도인의 조언은 지향성이 있다. 우리는 친구에게 우리가 성경적으로 생각하도록 도와달라고 요청하는 중이다. 우리는 친구가 성경과 지혜를 써서 특정한 길을 지시해 주고 거기에 전념하라고 말해 주기를 바란다. 그렇지만 우리의 결정에 대해서는 우리가 책임이 있다. 어리석은 결정을 내리고서는 내가 받은 어리석은 조언 때문이라고 핑계를 댈 수는 없다.

때로 '아주 친밀한 목양'(heavy shepherding)이라고 불리는 것에도 위험이 있다. 이것은 학대를 일삼는 사이비 종교 집단에서 써먹는 심리 조종의 한 형태다. 관계는 불건전하게 의존하고 학대적으로 강압하는 관계로 변질하기 쉽다. 조언자들은 우리가 각자 지혜롭고 경건하게 결정을 내리도록 도와주려고 존재하지, 우리에게 맹목적 순종을 요구하지는 못한다. 자기 양심을 다른 사람에게 넘기지 말아야 한다. 조심하라!

또 조언을 받았다고 해서 그 조언을 반드시 따라야 하는 것도 아니다. 다들 바울에게 결박과 투옥이 기다리고 있으니 예루살렘에 가지 말라고 한목소리로 조언했다(행 21:4, 10-12). 그렇지만 바울은 가야 한다는 생각이 들었다(행 20:22). 바울은 사람들의 조언을 무시하지 않았다. 즉, 그들이 해 준 말을 믿었다. 그러나 바울은 하나님의 목적을 더 상세히 이해하고 있었으니, 거기에는 복음을 위해 즐거이 고난을 받는 것도 포함되었다.

최선의 조언이라면 우리가 성경으로 다시금 돌아가서 성경의 명령과 원칙이 어떻게 우리의 발걸음을 지도해야 하는지 생각해 보도록 거들 것이다.

우리의 중심 쟁점으로 돌아가 보면, 하나님은 그분이 원하실 때면 비상한 방식으로 개입하실 수 있지만, 대부분의 결정은 우리가 2-5장에서 간략하게 살펴본 원칙 네 가지와 관련이 있을 것이다. 하나님은 우리에게 하나님의 말씀을 주시고 성령님을 보내 주셔서 우리가 두뇌를 경건하고 지혜롭게 사용하게 하셨다. 또 상황이나 사람이나 강력한 느낌도 사용하셔서 우리의 사고에 영향을 주실 수 있다. 그렇지만 상황이나 사람이나 강력한 느낌 중에 어느 것 하나라도 반드시 주겠다고 약속한 적은 없으시다. 그러한 것을 주신다면 감사하며 받아야 하지만 거기에만 의지해서는 안 된다.

제럴드 싯처는 이것을 간추려서 다음과 같이 말한다.

> 그러면 하나님의 뜻이라는 것은 무엇인가? 하나님이 우리에게 품고 계신 특정한 비밀 계획으로 우리가 며칠, 몇 주, 때로는 몇 년을 들여서 알아내기를 바라시는 것인가? 절대로 아니다. 오히려 하나님

의 뜻을 구성하는 것은 근실한 삶, 곧 성령의 능력으로 살아가고 하나님의 선하심을 찬양하고 감사하며 살아가는 삶이다. 바울은 신자들이 평상시 생활에서 어떻게 처신하는지에 주로 관심이 있었다.[5]

생 각 하 기

1. 야고보서 4장 13-16절의 관점에서 보면, 그리스도인들은 앞날에 대한 계획을 세워야 하는가? 어떻게 하면 우리가 분수에 맞게 계획을 세울 수 있겠는가?

2. 문이 열려 있다면 성공이 확실한가? 성공은 어떠한 모습인가? 닫힌 문과 맞닥뜨렸다면 우리는 무엇을 해야 하는가?

3. 어떤 의미에서 양털이 '지혜를 가장한 것'일 수도 있는가? 양털을 밖에 두기에 적절한 상황이 있는가?

4. 결정을 내릴 때 감정이 조금이라도 영향을 미쳐야 하는가?

5. 다른 사람의 조언을 듣는 것의 이점은 무엇인가? 위험은 무엇인가?

07 종합하기

우리는 하나님이 우리를 인도하시는 방식을 이해하는 데 도움이 되는 원리 네 가지를 깊이 생각해 보았다. 이제는 이러한 원리를 실행하는 법을 살펴보려고 한다. 이렇게 한데 모으려고 할 때 일곱 단계를 밟으라고 제안하고 싶다.

1. 내주라
2. 기도하라
3. 찾으라
4. 모으라
5. 생각하라
6. 의논하라
7. 결정하라

1단계: 내주라

이 책의 주요 주장은 인도하심이 단순히 결정을 잘 내리는 문제가 아니라는 것이다. 인도하심은 하나님을 알고 그분을 기쁘시게 하는 거룩한 삶을 살아가는 것과 훨씬 더 관련이 깊다. 그래서 가장 첫 단계는 우리의 동기와 마음 상태를 생각해 보는 것으로 시작한다. 바울은 이렇게 말한다.

> 그러므로 형제들아 내가 하나님의 모든 자비하심으로 너희를 권하노니 너희 몸을 하나님이 기뻐하시는 거룩한 산 제물로 드리라 이는 너희가 드릴 영적 예배니라 너희는 이 세대를 본받지 말고 오직 마음을 새롭게 함으로 변화를 받아 하나님의 선하시고 기뻐하시고 온전하신 뜻이 무엇인지 분별하도록 하라(롬 12:1-2).

우리 자신을 산 제물로 하나님께 드릴 때 '예배'가 우리 삶 구석구석으로 파고든다. 내리는 결정마다 나는 거룩하기를 바라고, 내가 아니라 그분을 기쁘시게 하고 싶다. 취미와 여가 생활, 관계와 우정, 일과 쉼과 놀이가 모두 그리스도의 주권 아래 있어야 한다. 무엇보다도 나는 하나님의 나라와 하나님의 의를 구해야 한다(마 6:33).

정직하게 말하자면, 이것은 쉴 틈 없는 전투다. 나도 알다시피 나는 그리스도에 대한 헌신과 나 자신의 정욕과 열망과 야망 사이에서 오락가락한다. 우리는 이 전투에서 결코 벗어나지 못한다. 우리 마음속에는 성적인 부도덕과 우상 숭배와 분노와 속임을 향한 끌림이 도사리고 있다(골 3:5-11). 이러한 것들을 상황에서 완전히 제거해 내지 못하지만 알아차릴 수 있고 또 하나님의 도우심을 받아 그리스도를 닮은 성격으로 대체하고자 할 수 있다.

> 그러므로 너희는 하나님이 택하사 거룩하고 사랑받는 자처럼 긍휼과 자비와 겸손과 온유와 오래 참음을 옷 입고 누가 누구에게 불만이 있거든 서로 용납하여 피차 용서하되 주께서 너희를 용서하신 것같이 너희도 그리하고 이 모든 것 위에 사랑을 더하라 이는 온전하게 매는 띠니라(골 3:12-14).

이 성경 구절은 인도하심이라는 주제와 직접적으로 관련이 있다. 이 구절은 동기라는 지점에서 우리를 다루는데, 우리의 온갖 결정을 밀어붙이는 것이 바로 동기다. 결정을 내릴 때 우리는 두 방향으로 갈라져 있음을 인식하고서 외곬으로 있는 쪽을 의식적으로 선택해야 한다. 말하자면 마음을 주님께 복종시키고 우리 뜻보다 그분의 뜻을 구하려고 해야 한다.

2단계: 기도하라

인도하심은 관계에 관한 것이며, 관계는 의사소통에 따라 좌우된다. 하나님은 자기 자녀들을 버릇없게 키우지 않으신다. 대신 우리가 가는 길을 비출 빛을 구하기를 바라신다. 기도가 다 그렇듯이 우리에게는 끈기가 필요하다. 인도하시겠다는 약속은 너무나 분명해서 우리는 하나님이 응답하실 것을 확신하고 기도할 수 있다. 그렇지만 하나님은 우리에게 특정한 방식으로 응답하겠다고 약속하지는 않으신다. 이미 살펴보았듯이 하나님은 이를테면 특별한 섭리를 통해서 응답하기로 하실 수도 있다. 그렇지만 그러한 응답은 그분의 선물이니 우리가 요구할 수는 없는 노릇이다.

기도하면서 우리는 절대 의존 상태에 스스로 놓인다. 시편 5편을 보라. 다윗은 원수들에게서 보호해 주시기를 기도한다. 압박감이 너무나 컸지만 자기가 무엇을 해야 하는지 알고 있었다.

> 오직 나는 주의 풍성한 사랑을 힘입어 주의 집에 들어가 주를 경외함으로 성전을 향하여 예배하리이다 여호와여 나의 원수들로 말미암아 주의 의로 나를 인도하시고 주의 길을 내 목전에 곧게 하소서 (시 5:7-8).

다윗은 자신의 처지를 하나님께 가지고 가서 고통스러운 상황을 뚫고 나갈 인도하심을 구하는 것으로 반응한다. 다윗은 하나님의 언약적 사랑을 확신해서, 또 자기가 하나님 앞에 나아갈 수 있어서 이렇게 기도했다. 다윗의 머릿속에는 온통 하나님의 의에 따라 결정을 내리고자 하는 열망만 가득했다. 다윗의 원수들은 불의하다. 그들은 악하고 오만하며(4-5절), 속이기를 잘하고(6, 9절), 피 흘리기를 즐긴다(6절). 반대로 다윗은 의롭게 행동하고자 한다. 하나님의 구원과 하나님의 인도하심을, 어떤 대가를 치르더라도 얻기를 간절히 바란다. 다윗은 의에 대해 열정적이다.

우리가 인도하심을 구하는 기도를 한다면, 우리 길을 비출 빛을 구하는 기도를 하는 것이지만, 하나님이 우리를 이끄시는 방향에 의롭고 경건하게 응하기를 기도하는 것이기도 하다.

그러면 우리는 무엇을 구하는 기도를 하는가?

- 우리는 하나님과 그분의 뜻을 향한 강렬한 열망이 우리의 결정에 크게 영향을 미치기를 원한다.
- 우리는 하나님의 뜻을 성경에 계시된 대로 이해할 수 있도록 조명해 주시기를 구하는 기도를 해야 한다.
- 지혜롭지 않은 결정이라면 우리가 그 결정을 내리지 않도록 하나님이 막으시기를 기도해야 할 수도 있다.
- 지혜로운 선택을 할 수 있도록 지혜를 구하는 기도도 해야 한다.
- 우리가 똑바로 생각하여서 결정을 확정 지을 여러 요인을 제대로 파악하기를 기도해야 한다.
- 우리는 "제 생명을 취하셔서 주님께 거룩하게 드리게 하소서."라고 기도할 수 있다.[1]
- 우리가 하나님의 뜻을 거스르거나 하나님의 돌보심을 의심하지 않도록 도우시기를 기도할 수 있다.
- 이 외에도 우리가 하나님의 길을 따라갈 때 그분이 우리를 어디로 데리고 가기로 하시든지 우리와 인도자이신 분의 관계가 깊어지기를 기도해야 한다.

기도하는 중에 마음을 하나님께 복종시키면서 우리는 마음이 전쟁터와 같은 때가 많음을 인식한다. 우리가 속에 거하는 죄에 맞서 기도할 때 기도는 전투 일부가 된다.

3단계: 찾으라

우리가 지혜를 구하는 기도를 하지만, 지혜를 발견할 수 있는 곳인 성경에서 지혜를 찾기도 한다. 다음 단계는 성경에서 우리가 직면한 결정과 관계있는 자료를 모으는 것으로 시작한다. 앞서 살펴보았듯이 성경은 우리 삶의 결정마다 일일이 청사진을 제공하지 않는다. 우리가 다양한 상황에 적용할 수 있는 지침을 제시해 줄 뿐이다.

5장에서 목걸이 꿰기에 대해 말한 내용을 기억해 보라. 잠언에 나오는 몇 가지 통찰로 시작해서 성경 나머지 부분을 살펴보면서 특정 주제에 대해 성경이 무어라고 말하는지 발견할 수 있다. 이 방법의 실행은 이 책 2부에서 볼 것이다. 우리는 교회나 직장이나 결혼에 대해 생각할 때, 특별한 결정을 고려하기 전에 먼저 이들 주제에 대한 성경의 기본 교훈을 명확히 하기를 원한다.

어쩌면 여기에서 주의 사항을 하나 말해야 하겠다. 우리는 가능한 한 성경적 자료를 많이 모으고자 하지만, 조사 내용이 너무나 많아서 우리를 마비 상태로 만들거나 결정을 내리지 못할 정도가 되게 해서는 안 된다. 기본 원리를 다 다루지 못했을 수도 있다고 걱정하여 겁먹지 말라. 이해 부족을 무기력의 핑계로 삼지 말라. 할 수 있는 한 힘껏 연구하고서 하나님을 신뢰하라.

이제 4단계로 이동할 준비가 되었다.

4단계: 모으라

이 단계에 이르면 수집한 정보를 한데 모아서 지혜롭게, 정보에 근거하여 결정하는 방향으로 가고자 한다.

우리는 고려 중인 주제에 대해 최대한으로 정보를 수집할 필요가 있다. 그래서 예를 들어 집을 사려고 생각 중이라면, 나는 이사가 미칠 재정적 영향, 우리 교회까지의 거리, 그 집이 우리 가족의 필요를 충족시켜 주는 면 등과 관련한 정보를 모을 것이다.

당신이 아마 처음부터 이렇게 해 왔을 테지만, 앞서 세 단계를 밟았기 때문에 이제 질문을 제대로 할 자리에 있게 되었다. 윤리 원칙을 명확하게 수반하는 결정은 어렵지 않다. 그렇지만 결정은 대부분 그렇지 않다. 그러므로 우리는 제안받은 행동 방침과 그 행동에 따라올 수 있는 결과에 대해 가능한 한 많이 알아내야 한다.

잠언 18장 17절에서는 "송사에서는 먼저 말하는 사람이 옳은 것 같으나, 상대방이 와 보아야 사실이 밝혀진다"(새번역)라고 말한다.

모든 상황에는 양면이 있다. 지혜는 두 면에 모두 귀를 기울이라고 우리에게 요구한다. 그래서 이를테면 특정 진로를 따라갈 것을 선택할 때는 자기 앞에 놓인 여러 선택지의 장단점을 최대한 알아보라. 정당한 수단을 가능한 한 모두 이용하여 지혜로운 결정에 이르는 데 도움을 받으라. 필요한 대로 최대한 시간을 들이라. 서두르지 말라.

5단계: 생각하라

지금쯤이면 자료가 상당히 많이 쌓였다. 우리가 결심해야 하는 지점에 다가가는 중이다. 결심하려면 우리는 분명하게 생각해 보아야 한다.

기독교의 구원에는 마음을 둔하게 하는 것이 아니라 마음을 새롭게 하는 것이 따라온다.

> 너희는 이 세대를 본받지 말고 오직 마음을 새롭게 함으로 변화를 받아 하나님의 선하시고 기뻐하시고 온전하신 뜻이 무엇인지 분별하도록 하라(롬 12:2).

설득력 있는 설교자였던 마틴 로이드존스(Martyn Lloyd-Jones)는 이렇게 썼다.

내가 목사로서 서른 해 남짓 동안 겪은 일을 돌아볼 때 조금도 망설임 없이 증언할 수 있는 것은, 영적 체험에서 가장 자주 어려움을 겪는 이들은 이해력이 부족한 사람들이었다는 것이다. 영적 체험과 이해력은 분리할 수 없다. 진정으로 이해하지 못한다면 실제 살아가고 체험하는 영역에서 문제를 겪기 마련이다.[2]

성경에서 말하는 믿음은 맹신도 아니고 미신도 아니다.
어떤 면에서 우리는 어린아이 같아야(childlike) 하지만 절대로 유치해서는(childish) 안 된다. 영적 성장은 그리스도인의 정신적 성숙에서도 나타난다. 이것은 우리의 지능지수(IQ)보다는 우리의 이성을 하나님에 대한 지식과 통합하는 방식에 관한 문제다.

이제 당신에게는 언제든 쓸 수 있는 자료(열심히 기도하며 고려한 문제의 결과, 성경의 가르침, 고려 중인 쟁점을 둘러싼 연구 조사, 자기 성찰)가 많이 있다. 이제는 한데 합쳐서 이성과 믿음과 성령님이 주신 지혜로 저울질해야 한다.

6단계: 의논하라

이 단계에서는 자기가 신뢰하는 사람들에게 조언을 구하는 것이 좋다. 중요한 결정을 내릴 때는 우리를 알고 우리를 사랑하는 사람들의 더 폭넓은 관점을 모색하는 것이 언제나 유익하다. 그런 이들은 우리가 앞 단계에서 수집한 내용을 분석하는 것을 도와줄 수 있다.

- 그들은 동기와 야심에 관해 질문할 수 있다.
- 그들은 우리와 함께, 우리를 위해 기도할 수 있다.
- 그들은 우리의 관점이 성경적으로 더 균형 잡히도록 도울 수 있다. 우리는 특정 주제에 대해 성경의 가르침 중 일부를 못 보고 지나쳤을 수 있다.
- 우리가 잊어버린 요인을 그들이 지적해 줄지도 모른다.
- 우리가 내려야 하는 결정을 에워싼 상황 관련 정보가 그들에게 있을지도 모른다.
- 그들은 우리보다 우리를 더 잘 알고 있을 수도 있고, 우리가 가야 하

는 방향에 관해 더 객관적으로 조언해 줄 능력이 있을 수도 있다.
- 우리가 자신의 은사와 능력을 명확히 밝히도록 그들이 도와줄 수 있을지도 모른다.
- 우리가 더 분명하게 생각하도록 그들이 도와줄지도 모른다.
- 그들은 '답하기 곤란한' 질문을 할지도 모른다.

우리가 이러한 질문을 듣고 싶어 하지 않을지 몰라도, 친구의 아픈 책망은 신뢰할 수 있다(잠 27:6). 공명판 역할을 하는 사람이 있으면 언제나 좋지만, 우리는 기꺼이 듣기도 해야 한다. 성경은 잘 배우는 마음이 얼마나 중요한지 강조한다. 기억하라. "훈계받기를 좋아하는 사람은 지식을 사랑하지만, 책망받기를 싫어하는 사람은 짐승같이 우둔하다"(잠 12:1, 새번역).

7단계: 결정하라

당신은 이 지점에 이르기까지 해야 하는 일을 하나도 빠짐없이 했다. 그러니 과정을 종료하고 무언가를 해야 한다!

장단점을 죽 이어서 적어 보는 것도 도움이 될 수 있다. 옳지도 그르지도 않지만, 지혜롭거나 지혜롭지 않을 수 있는 결정이 많다. 모든 사실을 세로로 두 줄이나 그보다 많은 줄에 나란히 적어 보는 것도 도움이 될 것이다. 이렇게 하면 지혜의 길이 뚜렷해질 때가 있다. 한 줄에 적은 사실이 다른 줄에 적은 사실보다 훨씬 중요할 것이다. 길이 선명해 보인다. 그렇지만 그렇게 딱 떨어지지 않을 수도 있는데, 정당하게 선택할 수 있는 것이 두 개 이상이라 그중에서 결정하려고 한다면 특히 그렇다.

케빈 드영(Kevin DeYoung)이 인도하심을 다룬 책 제목인 『그냥 뭐라도 해 보라』(Just Do Something)가 그 길을 알려 준다.[3] 우리는 어느 한 가지 상황을 지나치게 많이 생각하거나 지나치게 영적인 의미로 해석할 수 있다. 천하의 모든 일에는 다 때가 있으며, 거기에는 결정하고 실행하는 것도 포함된다(전 3:1).

팀 챌리스(Tim Challies)는 이렇게 썼다.

하나님이 명백하게 금하신 것을 배제하면, 또 지혜를 구하려고 성경을 찾아보고 기도하면, 우리는 자유롭게 선택할 수 있다. 이것이 신약에서 우리에게 본을 보여 준 것이다. 신약에는 필사적으로 꿈과 환상을 통해 하나님의 뜻을 찾고자 하는 사람들은 보이지 않지만(물론 하나님이 때로는 그와 같은 기적적인 수단을 사용하는 것이 적절하다고 여기기는 하셨다), 선해 보이거나 최선으로 보이거나 필요해 보이는 것을 바탕으로 결정을 내리는 사람들은 보인다.[4]

때로는 아무것도 하지 않기로 결정할 수도 있다. 그것도 타당한 결정이고 아주 정당하다. 그러나 성경은 지나친 신중함의 위험성을 경고한다.

미루적거리지 말라. 상황 때문에 억지로 하지 말라. 결정하고, 자신의 결정에 따라 행하고, 하나님을 신뢰하라.

그래서 여기에 여러 단계가 있는 것이다. 최종 단서 세 개로 결론을 내리겠다.

- 이것을 기계적인 방식으로 다루지 말라. 단계를 서로 합치는 경우가 많다. 때로는 이 과정을 시작하면서 바로 누군가와 함께 기도하고 조언을 구하고 싶을 수 있다. 여기서 제시한 여러 단계는 이 순서를 따라 보라는 제안일 뿐이다. 자기에게 잘 맞는 것을 찾아보라. 과정의 노예가 되지는 말라.
- 매일 내리는 자잘한 결정 하나하나에 대해 이러한 단계를 거치려고 하지 말라. "아침에 차를 마실까, 아니면 커피를 마실까?" "걸어서 출근할까, 아니면 버스를 탈까?" "오늘 밤에 느긋하게 쉬면서 풋볼 중계를 볼까, 아니면 소설을 읽을까?" 기억하라. 우리가 맞닥뜨리는 대부분의 결정에 대해 하나님이 우리에게 자유를 주셨으니, 사소한 문제로 마음을 졸이며 자신을 괴롭힐 필요가 없다.
- 하나님이 언제든 그 과정에 개입하실 경우를 대비하라. 이미 보았듯이 하나님은 우리에게 예외적으로 섭리를 베푸시거나 강하게 휩싸는 감정을 주시거나 특별하게 지도하시는 말씀을 해 주겠다는 약속은 하신 적 없으며, 그러한 것을 기대하지 말아야 한다. 그래도 하나님이 그와 같은 일을 자유로이 하실 수도 있으니 우리는 마음을 놓지 말아야 한다.

이 모든 요인은 성경이 '지혜'라고 부르는 것으로 뒷받침되어 있다.

2부에서는 이러한 원리를 공통 관심 영역 세 곳에 적용해 보고자 한다. 하지만 그 전에 질문 몇 개를 생각해 보자.

생 각 하 기

1. "인도하심은 관계에 관한 것이며, 관계는 의사소통에 따라 좌우된다." 인도하심을 구하는 기도를 하는 방식에 이 사실이 어떻게 영향을 미쳐야 하는가?

2. "모든 지킬 만한 것 중에 더욱 네 마음을 지키라 생명의 근원이 이에서 남이니라"(잠 4:23). 우리는 마음을 어떻게 지키는가? 우리는 무엇으로부터 마음을 지키고 있는가?

3. 하나님을 아는 것이 우리가 지혜롭고 용기 있는 결정을 내리는 데 어떻게 도움이 되는가?

4. 팀 챌리스의 책 인용을 다시 읽으라. 이 내용이 우리가 결정을 내리는 데 어떻게 도움이 되겠는가?

5. 이 순간 자신이 직면한 결정을 생각해 보라. 연습 삼아 위에서 제시한 일곱 단계를 거쳐 보도록 하라. 결정 과정이 좀 더 쉬워지는가?

Part 2

인도하심의
원리
적용하기

Invest
Your
Future

샤크보이

샤크보이(Sharkboy)가 누구인지 아는가?

나는 몇 달 전까지는 샤크보이가 누구인지 몰랐다는 것을 털어놓아야 하겠다.

내게 이 신비한 등장인물을 소개해 준 사람은 바로 네 살배기 손자 모제스였다. 내가 돌봐 주고 있을 때 모제스가 내게 와서는 자기가 그린 그림을 보여 주었다

"할아버지, 할아버지가 보기에 어때요?" 아이가 신나서 물었다.

"멋지다! 그런데 이게 뭐니?"

아이는 호호 할아버지의 이해할 수 없는 무지에 약간 충격을 받은 표정을 짓고서는 그것도 모르냐는 투로 대답했다. "얘는 당연히 샤크보이죠!"

아이는 내가 샤크보이를 처음 들어 봤다고 고백하자 훨씬 더 우쭐거렸다.

그다음 한 시간 동안 나는 이 전설적인 수중 존재의 놀라운 점을 교육받았다. 자세한 내용은 생략하겠지만, 아주 열정적인 선생님이 전달해 주었다.

그 후 며칠을 모제스와 함께 지내는 동안 나는 아이가 좋아하는 액션 주인공을 모조리 배웠고, 아이의 공룡 수집품에 감탄했고, 탑 트럼프(Top Trumps) 놀이의 재미를 알게 되었다. 또 아이에게 성경의 위대한 이야기를 몇 편 들려줄 기회도 있었고, 네 살배기 나름의 절박한 관심사를 놓고서 아이와 함께 기도할 기회도 있었다.

내가 물속에 사는 생소한 슈퍼 히어로와 그 밖의 다른 주제를 배우는 데 왜 시간을 들였는가? 바로 그것이 할아버지들이 으레 하는 일이기 때문이다. 할아버지는 자기 손주를 기쁘게 하는 모든 것에서 기쁨을 누린다. 나는 모제스를 사랑하기 때문에 아이의 관심을 끄는 모든 일에 관심이 있다. 나는 중요하다고 여기는 일이나 기도와 성경 이야기처럼 내게 정말로 중요한 '영적인 일'에만 관심이 있는 것은 아니다.

내 손주들에 관한 일이라면, 성속(聖俗)이 전혀 차이가 없다.

하나님도 성속을 나눠서 생각하지 않으신다. 우리의 자비로우신 하늘 아버지께서는 우리 삶의 구석구석에 다 마음을 쓰신다. 우리는 '종교적인 일'이 하나님께 정말로 중요한 부분이라고 생각한다. 매주 내가 교회에서 보내는 시간이 몇 시간에 불과할지 몰라도, 그 몇 시간이 내가 사무실이나 공장이나 학교에서, 또는 내 취미 생활이나 관계 구축에 들이는 40시간보다 하나님께 훨씬 더 흥미롭다는 것이다.

이것은 전혀 사실이 아니다.

하나님은 우리 삶 전체에 관심이 있으시다.

우리 존재에는 은밀하거나 의미 없는 구석이 하나도 없다.

2부에서는 우리가 1부에서 배운 것들을 실습해 볼 것이다.

우리가 고려할 주제를 아주 다양하게 뽑을 수 있겠지만, 그리스도인이 인도하심을 자주 구하는 세 가지 영역인 교회와 직장과 결혼이라는 주제에 집중할 것이다.

다음에 나오는 세 장은 각기 같은 형식을 따를 것이다. 각 장 전반부에서는 고려 중인 주제에 대해 성경이 가르치는 내용을 살펴볼 것이다. 후반부에서는 현재 다루고 있는 쟁점을 일곱 단계 모델을 따라서 다루어 볼 것이다.

Invest
Your
Future

Invest
Your
Future

08 영적 정착지 찾기_ 교회

교회에 대한 하나님의 시선

내가 일 년이 채 안 되는 동안 윌트셔주 북부 치퍼넘에 있는 작은 교회의 목사였던 적이 있는데, 어느 일요일 아침에 부부 두 쌍이 아침 예배에 새로 참석했다.

우리에게는 대단한 일이었다. 아내와 나는 그 교회에서 가장 젊은 부부였고, 젊음과 열정을 투입할 필요가 절실했다.

예배가 끝나자마자 내 소개를 하고서 그들에게 근처에서 왔는지, 아니면 단순 방문인지 물었다. 그들은 48킬로미터 정도 거리인 첼튼엄에 살고 있다고 했다. "우리는 첼튼엄에 있는 교회를 다녔는데, 하나님이 그것이 옳지 않다고 하셨어요. 우리는 지난 18개월 동안 좋은 교회를 찾고 있어요. 북쪽으로는 버밍엄까지 가 봤고, 지금은 더 남쪽도 살펴보고 있습니다. 하지만 아직 등록할 만한 좋은 교회를 찾지 못했습니다."

나는 그들의 오디세이가 얼마나 계속되었는지는 모르지만, 그들은 다시는 오지 않았다!

나는 그들이 좋은 교회를 찾고 있노라고 말할 때 실은 완벽한 교회를 찾고 있노라는 뜻이 아니었을까 하는 생각이 든다.

그러나 그런 교회는 존재하지 않는다.

하지만 아주 좋은 교회는 정말로 많이 존재하며, 당신이 그리스도인이라면 그중 한 교회의 소속이어야 한다. 한 걸음 더 나아가서 말하자면, 당신이 지역 교회라는 환경 속에서 동료 그리스도인들을 꾸준히 만나지 않는다면 그리스도인으로서 성장이 위축될 것이다.

모든 그리스도인이 이 문제에 직면해 있지만, 이는 학생들과 특히 관련이 있는 문제다. 흔히 학생들은 대학생 시절에 신앙을 갖게 되어서 좋은 기독교 동아리와 그 지역의 건실한 교회에서 양육을 받는다. 방학 때는 힘들었을 수도 있지만, 방학은 한시적이었다. 하지만 이제 다른 지역으로 옮겨 갈 처지에 놓이면 좋은 교회를 찾는 것을 놓고 속을 태운다.

성경이 교회의 본질과 기능에 관해 이야기해 주는 것 몇 가지를 생각해 보는 것으로 시작하겠다.

교회는 무엇이며, 내가 교회에 소속되어야 하는 이유는 무엇인가?

교회(에클레시아, *ecclesia*)라는 단어는 신약에서 백 번 이상 쓰이며 그리스도인의 모임을 가리키는 표현이다.

교회는 가시적인 동시에 비가시적이다.

가시적이고 지역적인 형태로 보면, 교회의 모습은 다양할 수 있다. 1세기에는 도시마다 교회가 하나뿐이었던 것으로 보인다. 교회는 대규모로 모일 수 있는 건물을 한 채도 소유하지 않았으므로 보통은 여러 집에서 모이는 형태였다(롬 16:3-5; 고전 16:19; 골 4:15). 이러한 여러 가정 교회가 해당 도시에 있는 교회와 어떻게 연결되었는지 우리는 모른다.

비가시적이고 보편적인 형태로 보면, 천국에 있든지 지상에 있든지, 구원자이신 그리스도와 영적으로 연합한 모든 시대의 모든 그리스도인이 교회를 구성한다. 바울은 이것을 가리켜서 "또 만물을 그의 발아래에 복종하게 하시고 그를 만물 위에 교회의 머리로 삼으셨느니라"(엡 1:22)라고 적었다.

요한은 이 교회를 밧모섬에서 환상 중에 보았다.

> 그 뒤에 내가 보니, 아무도 그 수를 셀 수 없을 만큼 큰 무리가 있었습니다. 그들은 모든 민족과 종족과 백성과 언어에서 나온 사람들인데, 흰 두루마기를 입고, 종려나무 가지를 손에 들고, 보좌 앞과 어린양 앞에 서 있었습니다(계 7:9, 새번역).

지역 교회는 전통과 역사를 지니고 특정 문화를 드러내 보이는 가시적 조직이다. 보편 교회는 비가시적이고 그리스도와 합하여 그리스도의 주권 아래 살아가는 모든 그리스도인으로 구성된다.

그리스도인 하나하나는 믿음으로 그리스도와 하나가 되었고, 그래서 정의에 따르면 보편 교회의 일원이다. 당신은 그리스도인이 되었을 때 보편 교회에 들어간 것이다. 보편 교회에 따로 지원할 필요가 없었고 빠져나올 수 없다. 당신은 그리스도가 머리이신(엡 4:15; 5:23) "그리스도의 몸"의 지체다(고전 12:27).

그래도 당신은 어느 한 지역 교회의 회원이어야 한다. 신약은 "나는 보편 교회의 일원이지만, 이것을 지역 교회에 소속이 되는 것으로 표현할 필요는 없다."라고 하는 일종의 자유 계약 같은 기독교가 가능하다고는 전혀 생각하지 않는다.

사람들이 교회 출석을 그만두는 이유는 다양하다. 풍요로워질수록 주말에 시간을 보낼 수 있는 선택지가 더 많아진다. 우리 아이들에게 오만 가지 활동이 제공되고 있으며, 혼합 가족이나 독신 가정이 되면 교회에 출석하던 버릇이 없어지는 경우가 많다. 코로나 팬데믹 동안에 봉쇄 정책 때문에 출석 습관이 깨져서 온라인으로 출석을 대체한 사람이 많다. 소파에 앉아서 커피를 마시며 멀리서 예배에 참석하거나 예배를 구경하니 마냥 편한 것이다.

여기에 더해 우리의 소비자 기반 사회는 교회가 무엇을 우리에게 제공하느냐 하는 면에서 교회를 생각하도록 우리를 길들였다. 이 장 서두에 나온 부부처럼 우리는 무척 까다롭게 되었다. 우리는 실은 완벽한 것을 찾고 있으면서도 좋은 것을 찾고 있다고 말한다. 특정한 교회, 또는 여러 교회가 계속해서 우리를 실망하게 하면 우리는 아예 손을 떼기로 결정한다. 내가 그리스도인으로서 성장할 수 있게 해 줄 교회가 내게 정말로 필요한가? 자기 주도적 영성의 시대에 우리는 무엇을 원하든지 멀리서 접속할 수 있다. 지역 교회가 문제가 있고 불완전한데 굳이 왜 성가시게 지역 교회에 등록하는가?

그리스도인으로서 나는 지역 교회라는 환경 안에서만 건전하게 제 역할을 하고 자랄 수 있다. 히브리서 저자는 우리에게 다음과 같은 주의를 준다.

> 그리고 서로 마음을 써서 사랑과 선한 일을 하도록 격려합시다. 어떤 사람들의 습관처럼, 우리는 모이기를 그만하지 말고, 서로 격려하여 그날이 가까워 오는 것을 볼수록, 더욱 힘써 모입시다(히 10:24-25, 새번역).

격려를 '영혼의 산소'[1]라고들 표현한다. 인생은 고달프다. 그리스도인의 삶은 고되다. 매일 우리가 만나는 사람 대다수에게는 격려가 필요하다. 그래서 우리는 보살피는 기독교 공동체에 속해 있어야 한다.

그러면 교회에 출석한다면 무엇을 해야 하는가? 히브리서는 우리가 명확한 행동 지침을 따라야 한다고 전한다. 우리가 거기에 있는 목적을 생각해야 한다. 우리는 얻기 위해서가 아니라 주기 위해서 교회에 간다. 우리는 동료 그리스도인들을 격려하여 믿음을 확증 받았다고 느끼게, 또 사랑과 선한 일을 할 마음이 일어나게 해야 한다.

가장 그리스도인답지 않은 그리스도인은 바로 홀로 있는 그리스도인이다.

어느 교회가 등록하기에 적합한지 어떻게 아는가?

1세기에는 교회를 결정하기가 전혀 어렵지 않았던 이유는 등록할 교회가 하나뿐이었기 때문이다! 예루살렘에서 교회 내부 집단 간에 의견 차이가 있을 때 갈라져서 경쟁 교회를 세우지 않았다. 그들은 당면 문제를 함께 해결하여 하나 됨을 나타냈다(행 6:1-7).

2천 년이 흐른 뒤에는 상황이 달라졌다.

우리 앞에는 헷갈리는 교파와 초교파 기관이 몹시 많다. 가톨릭교회, 개신교 교회, 정교회 교회들이 있다. 개혁파 교회, 오순절 교회, 은사주의 교회들이 있다. 침례교와 형제단, 성공회와 감리회, 독립파 회중주의자와 복음주의자가 있다. 그 외에 어떠한 꼬리표도 받아들이지 않는 교회들도 있다. 적합한 교회를 어떻게 찾는가? 나는 무엇을 찾아야 하는가? 내가 어디서 하나님을 섬기는 것을 하나님이 원하시는지 나는 어떻게 아는가?

인도하심에 관한 많은 질문과 마찬가지로 이 질문에도 답이 하나만 있지 않다. 새로운 지역 사회로 이사 가서 영적으로 정착할 곳을 찾기 시작할 때, 당신은 아마 그리스도인으로서 자라고 잘될 수 있는 좋은 교회 몇 군데 중 하나를 선택할 수 있을 것이다. 하나님이 당신에게 특정 교회의 이름을 말씀해 주시기를 기대하지 말라. 다른 많은 쟁점과 마찬가지로, 당신이 조사하고 교회 몇 곳을 방문하고 신뢰하는 사람들과 이야기하여 조언을 구하고 나서 결정하라. 일단 결정을 내리면 번복하지 말라!

특정 교파나 단체에 신의를 느끼는 사람들도 있다. 다른 교회를 보기 전에 그 교파의 교회를 먼저 살펴볼 수도 있다. 그렇지만 당신은 어느 특정 교파의 지역 교회가 신약 교회의 관심과는 일치하지 않을 수도 있다는 것을 발견할지도 모르고, 그것을 초월해서 살펴보아야 할지도 모른다. 인도하심에 관한 어느 질문이나 그러하듯이 성경의 원리에 대한 복종을 모든 것이 따라가야 한다.

이 지점에서 우리는 7장에서 간략하게 살펴본 일곱 단계를 거치기 시작할 수 있다.

1단계: 내주라

- 나는 무엇을 위해 교회를 찾고 있는가? 교회의 크기나 평판과 상관없이 내가 하나님을 신실하게 섬길 수 있는 교회를 기꺼이 찾고자 하는가?
- 나는 객식구가 끼어들 자리가 없고 존립이 위태로운 교회의 일원이 되는 것을 순순히 받아들이는가?
- 나는 그 교회를 예수님이 교회를 사랑하시듯이 사랑하는가, 아니면 내게는 비판 정신이 있어서 그 교회의 문제가 무엇인지 늘 보이기 마련인가?

- 나는 그 교회가 나를 섬기기 위해 존재하는 것이 아니라는 생각이 뚜렷한가?
- 내게 그 교회가 필요하고, 교회와 거리를 둔다면 내가 결코 잘되지 못하리라는 것을 인정하는가?

2단계: 기도하라

- 하나님이 당신을 좋은 교회로 인도하시기를 기도하라.
- 분별력을 구하는 기도를 하라.
- 올바른 질문을 할 지혜를 주시기를 기도하라.
- 잘 배우고 진짜 교제를 경험하고 섬길 기회를 찾을 수 있는 영적 정착지를 찾기를 기도하라.
- 당신이 그 교회를 찾아갔을 때 환대받기를 기도하라.

3단계: 찾으라

영적 정착지를 발견하도록 하나님은 어떠한 성경적 지침을 주시는가?

당신은 자신의 등록 교회가 신약의 모범을 따른다고 확신하고 싶다. 유감스럽지만 교회가 다 그렇지는 않다. 몇몇 쟁점은 건강한 교회에 지극히 필수적인데, 그러한 쟁점이 없는 교회라면 당신은 영적 정착지가 될 수 있는 교회 목록에서 지워 버려야 할 것이다. 그다음에는 복음을 전하는 좋은 교회라면 노선을 달리하는 부차적인 쟁점이 있다. 개중에는 양심의 문제인 쟁점도 있고 취향의 문제인 쟁점도 있다.

지나치게 규정하고 싶지는 않지만, 어느 한 교회를 살펴볼 때 고려해 볼 몇 가지 사항은 다음과 같다.

- 그 교회의 핵심층인 사람들이 그리스도인인가? 너무나 당연한 질문으로 들릴지 몰라도 반드시 해야 하는 질문이다. 활기가 넘치는 교회는 어디나 아직은 회심하지 않은 사람들을 반가이 맞곤 한다. 어느 교회가 방문객을 환영하지 않는다면 사실 의심해야 한다. 그렇지만 교회의 핵심층을 구성해야 하는 사람들은 그리스도에 대한 살아 있는 믿음을 가진 사람들이어야 한다.
- 그 교회는 성경을 하나님의 말씀으로 존중하고 성경의 진리와 충분성과 최종 권위를 인정하는가?
- 그 교회는 성경에서 가르치는 필수 핵심 교리에 충실한가? 건전한 가르침은 중요하다. 성경에서도 "몸이 하나요 성령도 한 분이시니 이와 같이 너희가 부르심의 한 소망 안에서 부르심을 받았느니라 주도 한 분이시요 믿음도 하나요 세례도 하나요 하나님도 한 분이시니 곧 만유의 아버지시라 만유 위에 계시고 만유를 통일하시고 만유 가운데 계시도다"(엡 4:4-6)라고 말한다.
  - 그들은 삼위일체, 곧 동등하시고 함께 영원하신 세 위격에 존재하시는 한 분 하나님을 믿는가?
  - 그들은 예수님의 완전한 신성과 인성을 믿는가? 다시 말해 예수님이 두 본성을 지닌 한 인격이심을 믿는가?
  - 그들은 성경이 우리에게 예수님에 대해서 가르치는 예수님의 동

정녀 탄생과 대속적 희생과 몸의 부활을 믿는가?
  – 그들은 믿음만으로 의롭게 됨을, 곧 우리가 그리스도만 믿는 믿음을 통해서만 오직 은혜로 구원받는다는 것을 믿는가?
- 그들의 도덕적, 윤리적 가르침과 실천이 성경의 가르침과 일치하는가?
- 그 교회는 대위임령(the great commission)에 대한 열정이 있는가? 그 교회는 바깥을 바라보는가, 아니면 현상을 유지하려는 심리가 있는가?

4단계 : 모으라

교회 탐색을 시작할 때 그 교회가 앞서 3단계에서 확인한 건전한 교회의 특성과 조화를 이룬다고 확신하기를 원할 것이다.

어쩌면 가장 먼저 방문한 교회를 자기가 정착할 교회로 생각할 수도 있다. 그러나 대개 결정을 내리기 전에 교회 몇 군데를 방문해야 할 것이다. 정보 수집은 웹사이트 검색으로 시작할 수도 있다.

- 그 교회의 교리 선언문을 보여 달라고 하라.
- 설교를 들으라. 온라인으로 설교를 들을 수 있는 경우가 많다. 그 교회에서 올려놓은 예배 동영상을 볼 수도 있다.
- 그 교회의 유관 단체를 확인하라. 교회와 '연관된 곳'을 보면 그 교회의 특성이 어느 정도 나타나는 경우가 많다.
- 회중의 면면은 어떠한가? 학생 위주 교회인가? 가족 단위 교인이

많은가? 연령층이 다양한가?
- 누가 교회의 지도자들인가?
- 그 교회는 의사 결정을 어떻게 내리는가?
- 일요일에 무슨 행사가 있는가? 그 외에 어떠한 다른 모임이 주중에 있는가?

5단계: 생각하라

물어볼 수 있는 지혜로운 질문이 많다.

- 그 교회는 어디에 있는가? 교회까지 걸어서 갈 수 있는가? 그리스도인이 아닌 이웃을 데리고 갈 수 있을 정도로 가까운가, 아니면 그러기에는 너무 먼가?
- 그 교회는 성경에 따라서 살아가려고 애를 쓰며 믿음 안에서 자라고자 하는 그리스도인들의 공동체인가?
- 그 교회는 내가 성장할 수 있고, 도전과 양육을 받을 수 있고, 다른 사람을 섬기고 봉사할 수 있는 곳인가?
- 가족이 있다면 그런 교회에서 배우자와 자녀들이 잘 지낼지도 고려해 보아야 한다.

6단계: 의논하라

- 낯선 곳으로 이사할 예정이라면, 그 지역을 알고 있으며 당신에게 정보를 제공할 수 있을 사람들과 의논하라.

- 현재 출석 교회의 지도자들과 의논하라. 어떠한 조언을 받을 수 있는가?
- 지금 살펴보고 있는 교회의 교인들에게 말을 걸라. 아마 그 교회의 목사님이나 지도자 중 한 명과 의논할 수도 있을 것이다.
- 배우자와 의논하고 자녀의 나이에 따라 자녀들과도 의논하라. 그 교회에는 당신의 배우자와 자녀의 필요를 채워 줄 모임이 있는가?

7단계: 결정하라

- 일단 그 교회로 정했다면, 친교에 참여하여 적극적으로 활동하라. 교회마다 회원 인정 방식이 서로 다르다. 그 교회의 관례를 확인하고 열정적으로 참여하라!
- 소그룹이 있다면 관계를 구축할 수 있는 소그룹 활동에 전념하라.
- 봉사할 기회를 모색하라. 당신은 어떠한 은사가 있는가? 그 은사가 어떻게 쓰일 수 있겠는가?
- 그 교회로 정했다면, 계속 그 교회에 있어야 한다. 어떤 상황이면 교회를 떠나도 괜찮은가? 그 문제는 이 장 뒷부분에서 생각해 보겠다.
- 마지막으로 한마디, 지역 교회 한 곳에 등록하고 나면 이내 그 교회가 절대로 완벽하지 않다는 것을 알게 될 것이다. 가시적인 지역 교회는 어디든 여러 회원이 섞여 있으며 다들 어느 정도는 결점이 있다. 완벽한 교회를 찾지 못하겠지만, 성경을 존중하고 기독교의 기본 신앙을 따르는 건실한 교회를 최선을 다해 찾으라.

어느 한 교회를 떠나는 것이 옳지 않은 경우

슈퍼마켓을 선택할 때, 우리는 위치와 편의성과 가격과 관련한 질문을 내리 이어서 한다. 가게에서 물건을 사야 한다면 가능한 한 긍정적인 경험을 하고자 한다. 당연히 요즘에는 문 앞까지 배달도 해 줄 테니, 가게에서 물건을 사야 하는 번거로움을 일체 건너뛸 수도 있다. 어느 쪽이든 핵심 질문은 이것이다. "어느 것이 내게 가장 알맞으며 내가 원하는 것을 주는가?"

교회를 검증할 때도 이것을 그대로 적용하기 쉽다. 교회는 내 편의를 위해 존재하며 온라인 실시간 방송이라는 경탄할 만한 수단을 통해서도 우리 문 앞까지 영성을 배달해 줄 수 있다는 것이다.

이러한 유사점이 떠오를 수도 있지만, 이는 대단히 잘못된 것이기도 하다.

교회는 내 편의를 위해 존재하지 않는다. 내가 그리스도인으로서 잘 자라기 위해 교회에 소속되어야 하는 것은 맞지만, 나는 큰 희생과 고생을 하며 참여할 때 성장한다. 어느 교회가 나와 우리 가족과 맞는 동안에는 그 교회에 머물러 있다가 더 나은 선택지가 제시되면 떠날 뿐이라는 생각은 성경적이지 않다. 그렇게 생각하면 그 교회를 무시하게 되고 자기중심적 영성이 자란다는 면에서 위험하기도 하다.

물론 한 교회에서 다른 교회로 옮기는 것이 옳을 때가 있을 수도 있지만, 옮기고픈 마음은 원칙보다는 미숙함에 이끌리는 경우가 많다.

방랑벽을 조심하라. 인기 있는 '요즘 뜨고 있는 교회'의 매력을 피하라. 지금 있는 곳에 계속 있다가 보면 하나님이 다른 곳에서 행하시는 중인 위대한 일을 놓칠지도 모른다는 두려움에 이끌리지 말라.

교회를 떠나는 이유가 타당하지 않은 사람이 많다. 대부분 그 교회가 자신의 필요나 기대나 선호에 부응하지 않는다고 생각해서 떠난다. 더 나은 교회를 물색하려는 마음을 참아 내야 한다. 생소한 지역으로 이사할 때 일정 시간을 정하고서 지역 교회를 탐색하라. 그런 다음 결정을 내리고 그 결정을 고수하라. 완벽한 교회는 하나도 없다는 것을 잊지 말라. 불완전함을 받아들이라. 그곳에서 참고 견디라. 어느 교회든 다 우여곡절이 있다. 가까이 다가갈수록 티가 더 분명해진다. 그래도 견디어 내고 문제에 동참하기보다는 해결에 동참해야 한다. 그 교회에 어떠한 단점과 흠이 있어도 교회를 사랑하라. 그 교회를 위해 죽으실 정도로 예수님이 교회를 사랑하셨음을 기억하라. 그러니 예수님의 신부인 교회를 헐뜯지 말라!

어려운 시기 내내 그 교회에 남아 있는 것도 하나님이 우리를 성숙하게 하시는 방법이다. 도망가지 않고 어려운 일을 통과하는 것이 영적 성장에 중요한 요소다. 교회를 바꿀 생각을 하기 전에 자신을 바꿀 생각을 더 해야 할 것이다.

어느 한 교회를 떠나는 것이 옳은 경우

그렇다고 해서 어느 한 교회를 떠나서 새로운 영적 정착지를 찾는 것이 절대로 옳지 않다는 말이 아니다.

그렇게 하는 것이 그저 불가피한 일일 수 있다. 학업을 마쳐서 대학가에서 이사를 나갈 예정이고, 그동안 일원으로서 양육 받아 온 활기찬 교회가 그 대학가에 있다고 하자. 아니면 어쩌면 직장 때문에 이사를 할 예정이라고 하자. 취업을 고려할 때 아주 중요하게 해야 할 질문 중 하나가 좋은 지역 교회에 다닐 가능성에 관한 것이어야 한다. 인도하심을 생각할 때 우리는 흔히 직장을 찾고 있는 경우가 많으며 직장을 찾고 나서야 비로소 교회에 대해 생각한다. 나는 순서를 바꾸라고 조언한다. 어느 일자리에 지원하기 전에 교회 탐색을 먼저 하라. 승진을 쫓다가 결국 영적 피폐로 끝날 수 있다.

교회를 바꿀 타당하고 실제적인 이유가 몇 가지 더 있다. 어쩌면 너무 멀리 살아서 교회 생활에 참여할 수 없을지도 모른다. 공동체에서 새로운 교회 개척을 시작할 예정이고, 그 개척에 참여하라는 도전이 있을 수도 있다. 상황이 바뀌어서 더는 그 교회까지 갈 수 없을 수도 있다.

최종 결정을 내리기 전에 교회 지도자들과 친구들에게 말하라. 자신의 마음을 살펴보고 동기를 확인하라. 깔끔하면서도 무리 없이 떠나고, 그 교회에 남아 있는 이들과 그리스도인으로서 건전하게 교제하는 관계를 끊지 말라. 어느 교회로 갈지 명확하게 정한 후에야 한 교회를 떠나라. 관계가 단절된 채로 있지 말라. 교회에 골치 아픈 일이 있을 수는 있지만, 대안은 없다.

지리상 이주나 현실적인 측면 말고도 교회를 떠날 이유가 있다. 교회가 바뀔 수도 있고, 아니면 당신이 그 교회에 관해서 처음에는 알아차리지 못한 무언가를 발견할 수도 있다. 자기가 다니는 교회가 이제 성경의 가르침을 더 충실히 따르지 않는다는 것을 알게 될 수도 있다. 설교단에서 가르치는 내용이나 신도석에서 실천하는 사항이 성경이 말하는 것과 정반대라고 결론 내릴 수도 있다. 주의하라. 모든 면에서 완벽하게 옳은 교회는 하나도 없으며, 지역 교회를 그 교회가 속한 교단과 구별하는 것이 옳다. 어떤 그리스도인들은 교회를 위해 남아서 싸우는 것이 옳다고 확신한다. 반면에 떠나야 한다고 결론을 내리는 그리스도인들도 있다.

주일마다 기독교의 메시지가 공공연하게 부인되는 것을 들으면서 그 교회에 남아 있는다면 충성의 대상이 잘못된 것이다.

점차 유독해지는 교회들도 있다. 기독교의 특정 진리를 부인하지는 않지만 교회 지도층이 점차 고압적이고 권위적으로 변해 간다. 그들이 성경에서 알려 주는 대로 양심을 따르기보다는 자기들에게 순종하라고 요구하기 시작하는 그 순간, 당신이 그 교회를 떠날 생각을 시작하는 것이 옳다. 당신 마음을 살펴보라. 어떤 형태의 권위에 대한 복종과 싸우는 사람들이 있다. 당신이 그런 사람인가? 자기가 그렇게 다루기 힘든 편에 있다는 것을 알게 된다면, 회개하고 하나님께 겸손한 마음 주시기를 간구하라. 그러나 교회 지도층이 사람을 교묘하게 조종하고 지배하려고 든다면, 그 교회에서 나와야 할 것이다!

그와 같은 상황에서 위험은 당신이 떠돌아다니기 시작한다는 것이다. 과거에 조종당한 적이 있다면 새로운 교회에서 지도자들을 신뢰하기 어려울 것이다. 온유한 마음을 주시기를 하나님께 간구하라. 아무 교회도 통과할 수 없을 정도로 기준을 높이 잡지 말라. 이 장 첫머리에 나오는 사람들과 같은 영적 유목민이 되지 말라. 용서하는 법을 배우라. 하나님이 우리에게 하라고 하신 일에서 아주 힘겨운 일 중 하나다. 그렇지만 아주 유익한 일 중 하나다. 가슴에 응어리가 맺혀 있으면 미래가 없다.

생 각 하 기

1. 히브리서 10장 24-25절을 보라. 이것을 지역 교회의 삶에서 어떻게 이해할 수 있겠는가?

2. 우리는 출석하는 교회가 불완전하다는 것을 알게 되면 어떻게 대처하는가?

3. 요한계시록 2-3장에서 일곱 교회가 받은 편지를 읽어 보라. 예수님이 무엇을 명령하시는가? 무엇을 저주하시는가?

4. '소비자 정신'이 우리가 교회와 그리스도인의 삶에 관해 생각하는 방식에 어떻게 영향을 미쳤는가?

Invest
Your
Future

09 일하라, 쉬라, 놀라_ 직장

딱 그 일자리

한번은 친구 목사가 내게 자기네 교인 중 한 명이 특정 일자리에 지원하는 것에 대해 조언을 구하러 온 일을 이야기해 주었다.

겉으로는 그 일자리에 긍정적인 면이 많아 보였다. 그는 존경받는 직종에서 정직한 회사처럼 보이는 곳에서 일할 것이다. 상당한 급여와 복리 후생도 제시했다. 고속 승진할 전망이 있었고 직무 요구 사항이 그 교인의 직무 역량에 맞아 보였다. 게다가 그 교인은 이사할 필요가 없었으며 자기 교회 주일학교 교사로 계속 섬길 수 있었다. 친구는 그 사람과 함께 기도했고, 그 사람은 지원서를 보냈다.

이틀이 채 되기 전에 그 교인은 전화를 걸어 흥분한 목소리로 면접 일정이 잡혔다고 말해 주었다.

면접 이틀 후, 내 친구가 일이 어떻게 진행되었는지 물었다. "아, 완벽했어요. 전부 제가 기대했던 것 이상이었습니다. 회사에서도 저한테 입사를 제안했는데, 제가 거절했습니다!"

자초지종을 듣기 전까지는 이상한 결정으로 보였다. 설명에 따르면, 인터뷰 마지막에 면접관들이 자기들은 그 사람이 그 일을 맡아 주었으면 좋겠다고 말하면서 이렇게 덧붙였다. "당신은 우리가 찾고 있던 바로 그 사람입니다. 하려는 마음이 있다면 무엇이든 해도 좋습니다. 우리의 요구는 전력을 다해 헌신하라는 것뿐입니다. 우리 회사에 들어오면, 당신이 맡은 일이 당신의 신(神)이 되어야 합니다."

아마 면접관들은 일종의 비유적 표현으로 말했을 테지만, 그 교인에게는 그 일자리가 자신에 대한 하나님의 뜻이 아닐 수 있다고 확신하기에 충분한 말이었다.

하나님은 우리가 하는 일에도 관심이 있으시며, 우리가 신앙을 진지하게 생각한다면 취업과 관련한 결정으로도 그분을 기쁘시게 하고 싶을 것이다.

일도 소명의 한 부분이다.

마크 그린(Mark Greene)은 어느 선생님이 자기에게 해 준 말을 인용한다.

저는 일주일에 한 시간을 들여 주일학교에서 가르치는데, 그들은 나를 교회 앞까지 끌고 와서 저를 위해 기도합니다. 제가 주중에는 내내 전임 교원으로 일하는데, 교회가 주중에 저를 위해 기도해 준 적은 한 번도 없습니다.[1]

교회 유급 사역이 세속적 일보다 더 고귀한 소명이라고 생각하는 경향이 있다. 아주 깊이 뿌리박힌 생각이라서 뒤집기가 쉽지 않다. 그러나 이것은 완전히 비성경적이다. 인간의 합법적인 모든 수고는 본질적으로 가치가 있다. 지극히 평범하게 보이는 일조차도 하나님께 영광을 돌릴 수 있다. 성경에는, 그리고 하나님의 생각에는 성속 구분이 없다. 때로 우리는 삶에서 일요일에 교회를 가고, 성경을 읽고, 친구에게 간증하는 것과 같은 부분을 하나님이 중요하게 여기신다고 생각한다. 그 밖에 일하고 쉬고 노는 부분은 하나님의 관심 밖에 있다고 생각한다. 어쨌든 하나님께는 다스리실 커다란 우주가 있는데, 내 삶의 자질구레한 부분에 왜 관심을 기울이시겠느냐는 것이다.

이것은 전혀 사실이 아니다. 모든 삶이 하나님께 중요하다.

하나님은 우리가 일에 관해 내리는 결정을 진지하게 여기신다.

성경은 일에 대해 무엇을 가르치는가?

하나님은 일을 성취와 봉사와 경배의 수단으로 정하셨다. 일은 정상적인 일상생활의 한 부분이다. 성경에는 일에 관한 말씀이 많다. 성경은 시작부터 하나님을 창조 세계에서 일하시고 수고의 결실을 바라보며 기뻐하시면서 안식하시는 분으로 서술한다(창 1:1-2:3).

이러신 하나님이 자기 형상으로 사람을 만드시고 사람에게 하나님의 창조 세계를 지키고 돌보는 역할을 맡기신다(창 1:26-28; 2:15). 일도 피조 질서에 속한다(시 104:23). 성경은 우리에게 부지런히 일하고 게으르지 말라고 격려한다(잠 20:4, 13; 21:25-26; 26:13-16; 28:19).

타락이 일에 영향을 주었기에 이제는 일이 고된 수고가 되었다(창 3:17-19). 창조 세계마저도 "썩어짐의 종노릇"을 하고 있다(롬 8:20-21). 우리의 일이 죄의 영향을 받을 수 있고, 그래서 죄악 행동의 수단이 될 수 있다(암 8:4-6; 약 4:13-14).

전도서는 일의 세계를 정직하게, 있는 그대로의 시선으로 바라본다. 세상이 깨어졌기 때문에, 일이 불만스럽고 불만족스럽고 지루할 수 있다.

> 그 후에 내가 생각해 본즉 내 손으로 한 모든 일과 내가 수고한 모든 것이 다 헛되어 바람을 잡는 것이며 해 아래에서 무익한 것이로다(전 2:11).

많은 일과 마찬가지로 수고도 무의미해 보인다.

> 해 아래에서 수고하는 모든 수고가 사람에게 무엇이 유익한가… 모든 만물이 피곤하다는 것을 사람이 말로 다 말할 수는 없나니 눈은 보아도 족함이 없고 귀는 들어도 가득 차지 아니하도다(전 1:3, 8).

그렇지만 전도자는 절망하지는 않는데, 일은 여전히 하나님이 선하게 베푸신 선물 중 하나이기 때문이다.

> 하나님이 모든 것을 지으시되 때를 따라 아름답게 하셨고 또 사람들에게는 영원을 사모하는 마음을 주셨느니라 그러나 하나님이 하시는 일의 시종을 사람으로 측량할 수 없게 하셨도다 사람들이 사는 동안에 기뻐하며 선을 행하는 것보다 더 나은 것이 없는 줄을 내가 알았고 사람마다 먹고 마시는 것과 수고함으로 낙을 누리는 그것이 하나님의 선물인 줄도 또한 알았도다(전 3:11-13).

우리는 일을 절대 멸시하지 말아야 하며, 십계명에서도 하나님은 일과 안식 둘 다 우리의 건전한 생활 양식으로 명하신다(출 20:8-11). 하늘은 안식하는 곳으로 묘사된다(계 14:13). 그렇지만 하늘은 회복된 낙원에서 '저주가 없는' 수고를 하는 곳이다. "다시 저주가 없으며 하나님과 그 어린양의 보좌가 그 가운데에 있으리니 그의 종들이 그를 섬기며"(계 22:3).

그래서 일은 오락거리가 아니다. 일은 사람이 된다는 것의 의미이기도 하고 사람이 하나님의 형상으로 지음 받았다는 표현이기도 하다. 일은 우리의 영원한 숙명이기도 하다.

성경은 하나님이 자신의 세계에서 일하고 안식하는 양식을 확립하셨다고도 가르친다(창 2:1-3). 이 양식이 창조 세계에 내장되어 있고(시 104:19-23), 우리는 이 양식을 따라야 한다. 사실 십계명은 안식을 의무로까지 승격시킨다. 그래서 우리는 게으름을 피해야 하지만(잠 6:9-11; 10:4-5; 14:23), 과로도 마찬가지로 피해야 한다(출 18:13-24; 눅 10:38-42). 우리가 쉬는 것은 우리에게 안식이 필요하기 때문이고 하나님에 대한 헌신의 초점을 다시 맞추고 싶기 때문이다. 매주 쉬면서 활력을 새롭게 하고 예배하는 날은 우리의 창조주 하나님이 베푸시는 선물이다. 우리는 쉴 때 사람이 떡으로 살아가는 것이 아니라 하나님께 의지하여 살아간다는 것을 깨닫게 된다(신 8:3).

> 너희가 일찍이 일어나고 늦게 누우며 수고의 떡을 먹음이 헛되도다 그러므로 여호와께서 그의 사랑하시는 자에게는 잠을 주시는도다(시 127:2).

일하는 동기

성경은 우리가 일자리를 찾아야 하는 이유를 다양하게 말한다. 바울은 데살로니가후서에서 일하는 동기를 말한다.

> 형제들아 우리 주 예수 그리스도의 이름으로 너희를 명하노니 게으르게 행하고 우리에게서 받은 전통대로 행하지 아니하는 모든 형제에게서 떠나라 어떻게 우리를 본받아야 할지를 너희가 스스로 아나니 우리가 너희 가운데서 무질서하게 행하지 아니하며 누구에게서든지 음식을 값없이 먹지 않고 오직 수고하고 애써 주야로 일함은 너희 아무에게도 폐를 끼치지 아니하려 함이니 우리에게 권리가 없는 것이 아니요 오직 스스로 너희에게 본을 보여 우리를 본받게 하려 함이니라 우리가 너희와 함께 있을 때에도 너희에게 명하기를 누

구든지 일하기 싫어하거든 먹지도 말게 하라 하였더니 우리가 들은
즉 너희 가운데 게으르게 행하여 도무지 일하지 아니하고 일을 만들
기만 하는 자들이 있다 하니 이런 자들에게 우리가 명하고 주 예수
그리스도 안에서 권하기를 조용히 일하여 자기 양식을 먹으라 하노
라 형제들아 너희는 선을 행하다가 낙심하지 말라(살후 3:6-13).

바울이 데살로니가 사람들에게 보낸 편지 두 통의 주요 주제 중 하나는 그리스도 재림의 확실성이다. 바울이 두 번째 편지(데살로니가후서)를 쓸 무렵에, 어떤 사람들이 그리스도의 재림이 임박했다는 이 가르침을 자기들이 세상에서 하던 일을 포기하고 교회의 자선에 의지하는 핑계로 삼았던 듯하다. 바울은 "게으르게 행하고 우리에게서 받은 전통대로 행하지 아니하는" 그와 같은 사람들에게 경고한다.

바울은 교회의 생계 지원을 요청할 수도 있었지만 스스로 (아마도 전에 교육받은 천막 만드는 일을 해서) 생계를 해결하기로 했다(행 18:1-3). 바울은 데살로니가 사람들에게 자기를 본받아서 각자 생계유지를 위해 일하라고 권한다.

고의로 남에게 빌붙어 살아가기를 꾀하는 사람들은 이기적이고 사랑 없이 행동하는 것이며, 반드시 피해야 하는 사람들이다. 바울이 가혹하게 비난하는 대상은 일하고 싶으나 일자리를 구하지 못하는 사람들은 분명 아니다. 바울의 비난 대상은 일하지 않는 것을 생활 방식으로 선택한 사람들이다. 우리는 남에게 짐이 되는 일은 어떻게 해서든지 피해야 한다.

일의 동기가 여기에서 아주 분명하게 나온다. 일은 하나님이 만드신 세상에서 하나님이 정하신 대로 살아남는 법이다. 내게는 나 자신과 우리 식구를 부양할 책임이 있다. 나는 남들에게 짐이 되지 않으려고 일한다(살전 4:11-12). 하나님은 우리가 자립할 수 있도록 일을 제정하셨다(시 128:2).

이것이 지극히 흔하고 평범해 보이지만, 내가 책임감 있게 행동할 수 있게 해 줄 일자리를 구하는 근본 동기이다. 인도하심이라는 문제에 관한 한, 내가 반드시 물어야 하는 질문은 "내가 이 일자리 덕분에 내게 의지하는 사람들에게 믿음직스럽게 행동할 수 있을 것인가?" 하는 것이다.

하지만 일거리를 찾는 동기가 또 있다. 우리의 노동의 열매 중 하나는 그 노동 덕분에 우리가 다른 이들을 섬기는 자리에 있게 된다는 것이다. 그래서 바울은 이렇게 썼다. "도둑질하는 자는 다시 도둑질하지 말고 돌이켜 가난한 자에게 구제할 수 있도록 자기 손으로 수고하여 선한 일을 하라"(엡 4:28).

도둑질은 이기심과 게으름과 탐욕에서 생겨난다. 도둑질 대신 우리는 가난한 사람들과 나눌 수 있도록 정직한 노동을 해야 한다. 내 개인의 필요보다 급여를 더 많이 받는 일자리를 찾으면 나는 다른 이들을 도울 수 있다. 이것은 대단히 성경적인 원리다. "그러므로 우리는 기회 있는 대로 모든 이에게 착한 일을 하되 더욱 믿음의 가정들에게 할지니라"(갈 6:10).

나는 내 주변 사회의 복지에도 이바지하고 있다. 이것은 온갖 종류의 영역에서 사실이다. 교사, 가게 점원, 간호사, 화물차 운전기사 등 아주 많은 이들이 섬기는 일을 하고 있다.

개인의 필요보다 더 많은 급여를 버는 이유 또 하나는 하나님의 나라에 투자할 수 있다는 것이다. 바울은 마게도냐(빌립보와 데살로니가)에 있는 여러 교회에 이렇게 명령한다.

> 환난의 많은 시련 가운데서 그들의 넘치는 기쁨과 극심한 가난이 그들의 풍성한 연보를 넘치도록 하게 하였느니라 내가 증언하노니 그들이 힘대로 할 뿐 아니라 힘에 지나도록 자원하여 이 은혜와 성도 섬기는 일에 참여함에 대하여 우리에게 간절히 구하니(고후 8:2-4).

바울은 이러한 연보를 복음의 씨앗이라고 기술한다.

> 이것이 곧 적게 심는 자는 적게 거두고 많이 심는 자는 많이 거둔다 하는 말이로다 각각 그 마음에 정한 대로 할 것이요 인색함으로나 억지로 하지 말지니 하나님은 즐겨 내는 자를 사랑하시느니라(고후 9:6-7).

돈을 많이 주는 일자리를 찾는 것은 그 자체로 목적이 아니며, 우리가 쾌락을 맘껏 즐기고자 한다면 그런 일자리는 방해가 될 수도 있다. 그렇지만 그 일자리가 사람들을 섬기고 복음을 증진할 기회라고 여긴다면 가치 있고 의미 있는 고려 사항이 된다.

이 모든 타당한 동기보다 제일 우위에 있는 것은, 성경이 우리에게 말씀하시듯이 우리가 하나님을 영화롭게 할 수 있도록 일을 제정하셨다는 것이다. "또 무엇을 하든지 말에나 일에나 다 주 예수의 이름으로 하고 그를 힘입어 하나님 아버지께 감사하라"(골 3:17). 이는 우리가 추구하는 어떠한 합법적인 직종에든, 이를테면 건설업자에서 뇌외과 의사에 이르기까지, 정치가에서 인형극 공연자에 이르기까지 다 적용되는 말씀이다.

> 눈가림만 하여 사람을 기쁘게 하는 자처럼 하지 말고 그리스도의 종들처럼 마음으로 하나님의 뜻을 행하고 기쁜 마음으로 섬기기를 주께 하듯 하고 사람들에게 하듯 하지 말라 이는 각 사람이 무슨 선을 행하든지 종이나 자유인이나 주께로부터 그대로 받을 줄을 앎이라 (엡 6:6-8).

일자리 선택하기

성경의 원칙을 살펴보았으니 이제 일곱 단계를 적용해 보자.

1단계: 내주라

내 동기를 두루 생각해 보는 것으로 시작하는 것이 좋다.

- 나는 지위와 인정을 얻으려는 욕구에 끌리는가? 성경은 이러한 위

험을 경고한다(약 1:9-10). 우리가 승진하고자 해서는 안 된다는 뜻이 아니라, 자기 동기를 인식하고 있어야 한다는 말이다.

- 돈을 많이 벌고 부유해지려는 욕구가 내게 동기를 부여하는가? 이것 역시 피해야 하는 위험이다(딤전 6:7-10). 우리는 하나님과 돈을 함께 섬기지 못한다(마 6:24).

- 그저 방랑벽이 있고 현재 상태에 만족하지 못하기 때문에 다른 일자리를 찾고 있는가? 성경은 자족하는 마음을 선하다고 칭찬하며(딤전 6:6; 빌 4:11), 그릇된 동기로 변화를 추구하는 것을 주의하라고 한다(고전 7:20-24).

- 이 일이 일종의 우상이 되어서 내가 하나님께만 드려야 하는 것을 달라고 요구할 것인가?(출 20:3-6)

- 이 일이 너무나 고되어서 내가 복음의 우선 사항에 참여하지 못하게 될 것인가? 우리는 누구나 복음 전파에 참여한다(마 28:18-20; 벧전 3:15). 내가 회사 업무 시간에 말로 간증을 해야 한다는 말이 아니다. 그래도 내가 일터에서 복음을 실천하여 사람들이 적당한 때에 내 신앙에 대해 질문하게 하는 식으로 이 일을 할 수 있는가? 나는 완전히 혼자 일하는가, 아니면 관계를 쌓아 갈 수 있는 사람들을 만날 기회가 있는가? 부담이 너무 큰 일이라 내가 교회 일에 관여하고 내 영적 은사를 하나님의 영광을 위해 사용할 시간이나 기력이 도무지 없는가?

2단계: 기도하라

그러면 무엇을 기도할 수 있는가?

- 하나님이 당신을 도우셔서 성경에 순종할 수 있는 일자리를 찾게 하시기를 기도할 수 있다.
- 지원 과정에서 도와주시기를 기도할 수 있다.
- 당신이 올바르게 생각하고 성경의 가르침을 따르도록 하나님이 도와주시기를 기도할 수 있다. 그 일자리를 받아들이지 않을 성경적 근거가 충분하다면, 그 취업 제안은 따라야 하는 표지라기보다는 피해야 하는 시험이다.
- 면접할 때 정직하고 진실하기를 기도할 수 있다.
- 면접할 때 적절한 질문을 할 지혜를 주시기를 기도할 수 있다.
- 순수한 동기를 주시기를, 그리고 무엇보다도 당신이 하나님의 나라와 하나님의 의를 구하기를 기도할 수 있다.
- 문이 열리기를 구하는 기도를 할 수도 있다. 그 취업 제안을 당신이 그 일자리를 받아들이기를 하나님이 원하신다는 표지로 볼 수도 있다.
- 당신이 기도할 때 하나님이 특정 행동 방침이 확실하다고 느끼게 하실 수도 있지만, 이미 살펴보았듯이 그렇게 해 주시겠노라 약속한 적은 없으시다.

3단계: 찾으라

성경이 일자리 선택에 관해 우리에게 무엇을 말해 주는가? 성경이 당신에게 회사 이름을 말해 주거나 특정 직종을 알려 주지는 않을 것이다. 그렇지만 앞에서 살펴본 것을 근거로 하면 우리가 자신과 우리에게 의지하는 사람을 부양할 수 있는 일을 찾아야 한다는 것은 분명하다.

내가 일자리를 구할 때 생각해 볼 성경 구절이 많다. 다음 성경 구절을 보고, 이들 성구가 당신의 일자리 선택에 어떻게 영향을 미칠지 살펴보라.

골로새서 3장 23절: "무슨 일을 하든지 마음을 다하여 주께 하듯 하고 사람에게 하듯 하지 말라."

나는 사람이 아니라 하나님을 기쁘시게 하려고 정성껏 이 일을 할 수 있는가? 이기적 야심, 아니면 감투욕이나 권력욕이나 소유욕에 이끌리고 있는가?

고린도전서 10장 31절: "그런즉 너희가 먹든지 마시든지 무엇을 하든지 다 하나님의 영광을 위하여 하라."

나는 이 일을 하나님의 영광을 위해서 할 수 있는가? 약력이 훌륭해야 한다거나 고도로 숙련된 기술이 있어야 한다는 말이 아니다. 우리는 가장 보잘것없는 일도 하나님의 영광을 위해 할 수 있다. 그러나 마찬가지로 분명한 것은, 하나님의 영광을 높이기보다는 깎아내릴 직업도 있다는 것이다. 예를 들어, 하나님의 계시된 뜻에 불순종해야 하는 일이 여기에 해당할 것이다.

마태복음 6장 24절: "한 사람이 두 주인을 섬기지 못할 것이니 혹 이를 미워하고 저를 사랑하거나 혹 이를 중히 여기고 저를 경히 여김이라 너희가 하나님과 재물을 겸하여 섬기지 못하느니라."

내 동기가 순수한가? 내가 돈에 이끌리는가? 급여를 잘 받는 것은 앞 단락에서 살펴보았듯이 그 자체로는 나쁘지 않다. 그렇지만 탐욕에 이끌린다면 건전하지 않은 동기가 된다.

에베소서 4장 28절: "도둑질하는 자는 다시 도둑질하지 말고 돌이켜 가난한 자에게 구제할 수 있도록 자기 손으로 수고하여 선한 일을 하라."

그것은 정직한 일인가, 아니면 내가 양심에 어긋나거나 하나님의 법을 어길 수 있는 행위에 휘말릴 일인가? 본래 부정직한 직업이 있고, 부정직하고 사기를 치는 행동을 요구하는 직업이 있다. 그러나 이것이 대부분의 직업에는 해당하지 않을 것이다.

골로새서 3장 22-24절: "종들아 모든 일에 육신의 상전들에게 순종하되 사람을 기쁘게 하는 자와 같이 눈가림만 하지 말고 오직 주를 두려워하여 성실한 마음으로 하라 무슨 일을 하든지 마음을 다하여 주께 하듯 하고 사람에게 하듯 하지 말라 이는 기업의 상을 주께 받을 줄 아나니 너희는 주 그리스도를 섬기느니라."

 내가 종은 아니지만, 어떠한 일자리를 받아들이든지 그 일을 잘하고 성실한 마음으로 하려면 필수 직무 능력이 있어야 한다. 이 일을 하기에 적절한 재능과 능력이 나에게 있는가? 내가 하나님을 두려워하고 하나님을 높일 그러한 일자리인가?

데살로니가후서 3장 10절 : "우리가 너희와 함께 있을 때에도 너희에게 명하기를 누구든지 일하기 싫어하거든 먹지도 말게 하라 하였더니."

 이 명령의 대상은 일자리를 구하지 못하는 사람들이 아니라 일할 수 있으면서도 일하지 않기로 선택한 사람들이다. 일에 허덕이고 있어서 그만두고 싶을 수도 있고, 무슨 일이 생기기를 기다릴 수도 있다. 이 구절은 내가 그렇게 해서는 안 된다고 분명하게 말해 준다. 도덕적 문제나 의료 문제 때문에 사표를 낼 수는 있지만, 단순히 어떤 일이 힘들다는 이유로 일을 그만두어서는 안 된다. 내가 퇴사해야 하는 경우가 있을 수도 있지만, 일반적으로는 어딘가 갈 자리가 있어서 자신과 식구를 계속 부양할 수 있지 않다면 그렇게 하지 말아야 한다.

데살로니가전서 4장 11절 : "또 너희에게 명한 것같이 조용히 자기 일을 하고 너희 손으로 일하기를 힘쓰라."

 손으로 하는 일을 하라는 명령이 아니다. 이 말은 이 구절의 문화적 배경일 뿐이다. 그보다는 이 일이 내가 조용히 책임감 있게 일하는 데 도움이 될지 살펴보라는 말이다.

갈라디아서 6장 10절 : "그러므로 우리는 기회 있는 대로 모든 이에게 착한 일을 하되 더욱 믿음의 가정들에게 할지니라."

이 직업으로 내가 모든 이에게 착한 일을 할 수 있는가? 나는 사람들에게 유익을 주는 일을 하는 중인가? 개인적 친분을 쌓을 수 있는 곳에서 일하는 중인가? 내 필요를 채우고 복음 사역이나 자선 사업에 쓸 수 있을 정도로 돈을 벌 수 있는가? 이 일을 함으로써 내 주변의 지역 사회의 안정에 기여하고 있는가?(렘 29:7)

디모데전서 5장 8절 : "누구든지 자기 친족 특히 자기 가족을 돌보지 아니하면 믿음을 배반한 자요 불신자보다 더 악한 자니라."

이 일을 하면 나를 의지하며 사는 사람들을 먹여 살릴 수 있을 정도로 돈을 벌겠는가?

히브리서 10장 24-25절 : "서로 돌아보아 사랑과 선행을 격려하며 모이기를 폐하는 어떤 사람들의 습관과 같이 하지 말고 오직 권하여 그날이 가까움을 볼수록 더욱 그리하자."

이 일자리 때문에 내가 일요일에 하나님의 백성과 만나지 못하게 될 것인가? 보통 우리는 어느 일자리를 택할 때 급여와 학교와 이웃을 살펴본다. 그렇지만 그리스도인은 그러한 것들보다 자기가 하나님을 섬기고 제자로서 성장할 수 있는 교회를 찾을 수 있는지를 먼저 확실히 해 두어야 한다. 대단한 일자리를 찾고서는 결국 영적으로 피폐해질 수도 있다.

이 단계에서 우리가 결정에 이르는 것을 거들어 줄 자료가 많다. 그 자료들 덕분에 어떤 일자리는 거를 것이고 나머지 일자리는 진짜 선택지로 남을 것이다. 이 지점에 이르면 우리는 성경에 부합하는 결정을 자유롭게 내릴 수 있다.

4단계: 모으라

직업에 관한 결정을 하는 중에 당신은 근로 조건과 장래성에 대해 최대한 많이 알고자 한다. 그러한 정보를 모으기 위해 합법적이고 가능한 수단을 모조리 동원하라. 필요한 시간을 충분히 들이고, 성급하게 하지 말라. 하지만 미적거리지도 말라.

여기에는 자기 자신에 대해 아는 것도 들어간다. 우리는 모두 다르다. 이것은 재능과 능력에도 해당한다. 기질과 성격도 마찬가지다. 당신과 내가 똑같이 까다롭고 힘든 일을 하러 갈 수도 있다. 당신은 스트레스를 받는 동안 최상의 결과를 낼 수 있으므로 그 일이 당신에게 맞을 수도 있다. 게다가 능력이 꽃피워서 하나님의 은혜를 증명할 수도 있다. 반면에 나는 망하고 극복하지 못할 수도 있다. 그 일에 대해서만 더 알게 되면 자만심 때문에 내가 그러한 압박을 처리할 수 있다고 이해할 수도 있다. 자기 자신과 자신의 한계를 알아야 지혜롭게 결정을 내리는 데 도움이 될 것이다.

기도하고 진지하게 성찰하면서 자신의 강점과 약점, 구체적으로 시험에 들기 쉬운 영역, 특정 상황에서 반응하는 방식을 깨닫도록 도와달라고 하나님께 간구하기도 해야 한다. 이러한 것이 모두 당신의 결정에 영향을 미칠 것이다.

5단계: 생각하라

자료를 모아 정리하기 시작하라. 일자리 몇 군데에 지원서를 냈다면, 선호도를 정리하고 싶을지도 모르겠다. 이 지점에 이르면 몇 가지 질문을 연이어 하고 싶을 것이다.

- 이 직업이 내가 결혼과 가족에게 헌신하는 데 부담이 되겠는가?
- 근로 조건 때문에 일요일에 예배하기가 힘들어지겠는가? 어떤 직업은 무엇보다도 일의 성격상 일요일에 교대 근무를 해야 한다. 이를테면 간호사나 경찰을 생각해 보라. 하나님의 백성 사이에서 정기 예배를 드리는 데 지장을 줄 수 있더라도 그리스도인이 그러한 직종에서 근무해도 괜찮다. 이 문제에 대해 신중하게 생각하라.
- 그 일을 생각하면 떠오르는 특별한 유혹 때문에 불안해지는가?
- 지역을 옮겨야 한다면, 교회 찾기를 해 본 적이 있는가? 내 영적 정착지가 될 수 있는 교회가 인근에 있는가?
- 재택근무에 내 시간이 얼마나 소요될 것인가? 그런 근무가 내게 맞겠는가?
- '기분 전환'(recreate)을 할 시간을 낼 수 있겠는가? 우리는 하나님의

형상으로 지음을 받았으며 하나님은 무한히 다양하고 아름답게 창조(create)하시는 분이다. 창의력은 우리의 유전자 본체(DNA)에 들어가 있다. 그래도 우리는 누구나 시간과 기력을 내어서 삶의 팽팽한 끈을 느슨하게 풀도록 도와주는 일을 해야 한다. 우리에게는 주기적인 스트레스 해소가 필요하다.

- 비그리스도인과 친분을 쌓을 기회가 있겠는가, 아니면 혼자 일을 하겠는가? 예수님은 죄인들의 친구셨다. 그분은 죄인들의 친구가 되어 그들에게 좋은 소식을 전할 기회를 만들어 내고자 그 시대의 규범을 어기셨다. 우리는 예수님의 발자국을 따르라고 부름 받았다.

6단계: 의논하라

- 당신을 아는 사람들에게 말하라. 함께 일하는 사람이 있고 당신이 다른 일자리를 구하고 있다는 것을 안다면, 특별한 도움이 될 수 있을지도 모른다!
- 교회 지도자에게 객관적인 의견을 구하라.
- 배우자와 가족에게 말하라.

사람들이 '까다로운' 질문을 할 수도 있다.

- 당신의 기질이 이 특정 직업에 맞는가?
- 교육을 더 받을 필요가 있는가?

- 이 일자리가 당신의 가정생활에 어떠한 영향을 미치겠는가?
- 이 일자리가 당신의 교회 생활에 어떠한 영향을 미치겠는가?
- 당신에게 특별히 유혹 거리가 될지도 모르는 것이 있는가?
- 성적으로 유혹받을 상황에 있게 되겠는가?

7단계: 결정하라

위에서 기술한 단계를 다 밟았다면 결정해야 한다. 전반적으로 이 일자리가 위에서 기술한 기본 사항을 모두 아우를 수 있다는 느낌으로 면접에 들어가야 한다. 인터뷰 중에 당신에게 위험을 알려서 당신이 평가한 내용을 변경하는 일이 일어날 수도 있다. 그 자리에서 결정하라는 요구를 받을 수도 있으니 지혜를 주시기를 기도하라.

성경은 하나님이 당신이 어떤 일을 하기를 원하시는지, 또는 당신이 그 직장에서 얼마나 오래 있어야 하는지를 구체적으로 말하지 않는다. 당신이 일해야 하는 회사 이름이나 만족해야 하는 급여 수준을 알려 주지 않는다. 당신이 하나님을 섬기고 그분께 영광을 돌릴 수 있는 일자리가 그야말로 수백 가지 있다는 뜻이다.

성경은 당신이 기도하고 결정을 내리는 일이 늘 조화로울 것이라고 약속하지 않는다. 그 일자리가 당신이 예상한 것과 다르다는 것을 나중에야 깨달을 수도 있다. 애초에 생각한 것보다 근로 환경이나 동료 때문에 그 일이 더 힘들어진다는 것을 발견할지도 모른다. 사직이나 해직으로 이어질 도덕적 선택을 해야 할 것이라는 말일 수도 있다. 요셉이 보디발의 가정에서 바로 그런 일을 겪었다(창세기 39장).

아니면 그 일이 불만스럽거나 따분하다는 생각이 들 수도 있다. 전도서가 우리에게 이것에 대해 경고한다. 많은 사람이 일을 좋아서 하는 것이 아니라 어쩔 수 없이 한다. 그리스도인으로서 나는 내 궁극적 성취감과 정체성을 나 자신이나 일에서 찾지 않는다. 그러한 성취감과 정체성은 그리스도 안에만 있다. "그런즉 누구든지 그리스도 안에 있으면 새로운 피조물이라 이전 것은 지나갔으니 보라 새것이 되었도다"(고후 5:17).

나는 하나님의 가정에 입양되었고(요 1:12; 엡 1:5), 그리스도의 소유이자 그분께 소중한 존재이며(벧전 2:9), 성령님이 거하시는 하나님의 성전이다(고전 6:19-20). 이 말은 더 보람 있고 만족스러운 일자리를 찾아서는 안 된다는 뜻이 아니다. 사실 이 말은 자기가 하는 일로 자신을 규정하거나 남의 잔디의 푸르름을 더 근사하게 그리는 일을 피해야 한다는 뜻이다.

생 각 하 기

1. 마크 그린의 인용문을 다시 보라. 일에 관한 설교를 마지막으로 들은 때가 언제인가? 아무든지 당신의 일터를 위해 기도해 주겠다고 한 적이 있는가? 우리가 성속을 여전히 구분하는 이유는 무엇인가?

2. 진심으로 일하고 싶어 하는데 취업을 할 수 없는 사람에게 당신이라면 성경의 어떠한 조언을 해 주겠는가?

3. 일에 관한 성경 구절을 찾아보라. 그중에 당신에게 특별히 의미심장하게 다가온 말씀은 무엇인가?

4. 특정한 취직자리를 생각할 때 우리 마음이 어떻게 우리를 잘못 인도할 수 있는가? 동기가 왜 그렇게도 중요한가? 동기를 어떻게 확인할 수 있는가?

10 부부의 연을 맺을 것인가, 말 것인가?_ 결혼

질문, 질문, 또 질문

당신이 앞으로 내릴 가장 중요한 결정은 아마 배우자 선택일 것이다. 진로를 결정하는 것이나 교회를 선택하는 것보다 더 중요하다. 결혼은 평생의 헌신이며 우리와 우리 가족, 아이들, 우리 사회의 안정에 영향을 미친다.

그런데 결혼이 실패로 돌아간다.

영국 국립 통계청에 따르면,[1] 2019년에 이성 부부의 이혼이 107,599건이 있었으며, 이는 90,871건이던 2018년보다 18.4퍼센트 증가한 것이다. 2019년에 이성 부부의 결혼 기간 평균(중간값)은 12.3년으로 12.5년이던 전년도보다 조금 감소했다.

목사로서 나는 이 주제에 관한 질문을 수없이 받아 왔다.

- 우선 내가 결혼을 해야 하는가?
- 내가 독신이라면 하나님의 최선을 놓치고 있다는 뜻인가?
- 배우자를 찾기 위해 현실적 단계를 밟는 것이 옳은가, 아니면 믿음이 부족해서 그렇게 하는 것인가?
- 나와 신앙이 다른 사람과 결혼해도 괜찮은가?
- 혼전 성관계는 행동 지침에서 벗어나는가? 만일 그렇다면 우리가 잘 맞는지 어떻게 알 수 있는가?
- 내게 완벽하게 맞는, 내 영혼의 동반자는 딱 한 명뿐인가? 내가 그 사람을 놓치면 어떻게 되는가?
- 내 결혼 생활이 잘못된다면 인도하심을 잘못 이해했기 때문인가?
- 딱 맞는 사람이 나타나지 않으면 어떻게 하는가?

결혼, 성관계, 독신

인도하심은 대부분 성경에서 나오므로 결혼과 성관계와 독신에 관한 성경의 가르침으로 시작할 필요가 있겠다.

1. 결혼

창세기 1장에서 하나님은 하나님의 영광을 위해, 하나님 말씀의 능력으로 만물을 무(無)에서 창조하신다. 한 걸음 물러서셔서는 자기가 만든 것을 보시고 좋다고 거듭 선언하신다(창 1:4, 10, 12, 18, 21, 25, 31). 창세기 2장으로 넘어가 보면, 하나님의 기쁨에서 딱 한 가지 주의 사항이 보인다. 바로 하나님이 만드신 것이 좋지만, 딱 하나는 예외라는 것이다. "그리고 여호와 하나님은 '사람이 혼자 있는 것이 좋지 못하니 내가 그를 도울 적합한 짝을 만들어 주겠다' 하고 말씀하셨다"(창 2:18, 현대인의성경).

그래서 하나님이 그 사람을 위해 적합한 짝을 만드신다(창 2:20-22). 당신이 거울에 비친 자기 모습을 볼 때처럼 그 남자와 여자는 비슷하지만 다르다. 여자가 남자와 같은 인간성을 지녔으므로 '적합한' 존재였고 둘 다에게 하나님의 형상이 있다(창 1:27; 2:20). 다른 한편으로는 여자는 여성이지 남성이 아니었으므로 둘은 상호 보완적인 존재다.

이제 하나님이 결혼의 언약을 제정하신다. 하나님은 결혼을 특별하고 적확한 용어로 규정하신다. "이러므로 남자가 부모를 떠나 그의 아내와 합하여 둘이 한 몸을 이룰지로다"(창 2:24).

결혼은 한 남자와 한 여자 사이의 배타적인 평생의 언약 관계다(롬 7:2; 고전 7:2). 내가 교우 관계를 폭넓게 쌓을 수 있을지는 몰라도, 내 친구들에게 배타성을 요구하지 않을 것이다. 하지만 내 혼인 상대에게는 그러한 배타성을 요구하고 내준다.

결혼은 하나님과 이스라엘 사이(겔 16:8-14; 호 2:7), 또 그리스도와 교회 사이(요 3:29; 엡 5:25-33; 계 19:7-9)에 있는 깊고도 훨씬 심오한 관계를 나타낸다. 우리가 결혼을 곰곰이 생각해 보면 자기 백성을 향한 하나님의 사랑을 더 깊게 이해하게 되고, 하나님의 언약적 사랑을 돌아보면 결혼에 대한 관점이 더 다채로워질 것이다. 바로 이러한 이유로 결혼에서 성실과 신의가 중요한데, 결혼은 하나님의 성실하심을 반영하며 하나님은 그러한 성실을 자기 백성에게 요구하신다(사 54:5-6; 62:4-5).

에덴동산에서 사람들은 자기네 창조주 하나님과 흠잡을 데 없는 친밀함을 누렸다. 이를테면 그들은 날이 서늘할 때 하나님과 함께 거닐었다. 이들은 서로 완벽한 관계를 누렸는데, 이들이 벌거벗었으나 부끄러워하지 않았다는 사실이 이를 상징한다. 죄가 이것을 파괴했으나 은혜 안에서 하나님의 목적은 수직적 관계와 수평적 관계를 모두 회복하는 것이고, 이 회복은 우리가 인간으로서 간절히 바라는 것이다.

2. 성관계

성적 친밀함은 이 평생의 배타적 관계에만 있다. 성교는 하나님이 베푸신 아주 귀중한 선물 중 하나다. 아가서는 성관계 설명서가 아니지만 순전히 비육체적인 사랑을 노래하는 비밀스러운 알레고리도 아니다. 하나님의 훌륭한 선물인 성관계에 대한 찬양과 같은 것이 아가서다. 부부의 침상을 존중하는 동시에 즐겨야 하며, 더럽혀지지 않도록 깨끗하게 유지하고 지켜야 한다(히 13:4). 하나님이 뚜렷하게 정해 놓으신 경계를 무너뜨리지 말아야 한다.

솔로몬은 잠언 5장 1-14절에서 아들에게 성적인 죄의 위험을 경고하고 나서, 한 남자가 젊은 시절의 아내와 누리는 성적인 사랑의 아름다움을 생생하게 그려 낸다.

너는 네 우물에서 물을 마시며 네 샘에서 흐르는 물을 마시라(잠 5:15).

너는 동산의 샘이요 생수의 우물이요 레바논에서부터 흐르는 시내
로구나(아 4:15).

하나님은 결코 고상한 체하지 않으신다! 성관계는 천박하지 않다! 성적 친밀함은 하나님이 베푸신 아주 좋은 선물 중 하나다. 아담과 하와가 가장 먼저 받은 명령이 성관계를 하라는 것이었고(창 1:28), 바울은 특이한 경우가 아니라면 금욕하지 말라고, 특이한 경우라도 잠시만 금욕하라고 명한다(고전 7:1-7).

그렇지만 성관계는 결혼을 위한 것이다. 솔로몬이 이어서 이렇게 말한다.

어찌하여 네 샘물을 집 밖으로 넘치게 하며 네 도랑물을 거리로 흘러가게 하겠느냐 그 물이 네게만 있게 하고 타인과 더불어 그것을 나누지 말라(잠 5:16-17).

도랑물은 공공 소비용이 아니다. 도랑물은 부부의 침상에만 한정되어야 하고, 외부인과 공유해서는 안 된다. 이것은 욕정(가상섹스나 포르노), 간음(혼전 성관계), 불륜(다른 사람의 배우자와의 성관계), 동성 성교를 하나님이 금하신다는 뜻이다.

이것은 자비롭고 다정하시며 자기 자녀들에게 가장 좋은 것을 바라시는 창조주 하나님의 말씀이다. 하나님의 형상으로 만들어진 인간은 하나님의 애정 어린 지도를 따라 살아갈 때 자기 역할을 가장 잘한다.

금붕어가 어항이라는 한계에서 탈출하여 상쾌한 공기로 들어가고자 한다면 자기가 있어야 하는 환경 바깥의 삶은 결코 삶이 아니라는 것을 이내 알게 될 것이다. 성적 자유와 하나님이 그 자유에 걸어 놓으신 제한도 마찬가지다. 그 어항 안에 머무르라!

3. 독신

결혼이 성적 사랑을 만끽하라고 하나님이 지혜롭게 예비해 두신 것이라면, 만일 내가 그런 관계를 결코 체험하지 못한다면 어떻게 하는가?

어느 때를 보든 아마 교회의 출석하는 성인의 3분의 1가량은 독신일 것이다. 어떤 이들은 결혼한 적이 있지만 이혼이나 사별로 이별의 아픔을 겪는 중이다. 결혼한 적이 없고 아주 행복하고 만족해하는 이들도 있다. 결혼을 하지 않았고 결혼 생각이 간절한 이들도 있다. 또 동성에게 매력을 느끼지만 예수님의 제자이기에 독신의 삶을 서약한 이들도 있다.

독신은 하나님의 '차선'이 아니다. 예수님은 독신을 심판이 아니라 선물로 받은 사람들에 대해 말씀하시며(마 19:11), 바울도 독신을 은사라고 부른다(고전 7:7). 내 생각에는 바울의 말이 어떤 이들에게는 독신과 금욕에 만족하는 능력이 있다는 뜻은 아니다. 바울은 독신인 상태 그 자체를 지칭한다. 언젠가 당신이 결혼하기로 결정한다면 하나님의 은사를 거부하고 있다는 뜻이 아니다. 현재 이 순간의 독신 상태는 하나님의 선물이니, 거기에서 나오는 유익을 누리라. 하나님을 신뢰한다는 것은 독신이건 기혼이건 내 현재 상태가 하나님이 내게 주신 선물임을 안다는 뜻이고, 나는 그것을 감사함으로 받아야 함을 안다는 것이다.

독신의 장점이 무엇인가? 독신인 사람은 결혼 생활 때문에 생기는 어려움을 겪지 않는다(고전 7:28). 결혼 생활은 힘든 일이다. 때로는 결혼 생활이 놀라운 기쁨의 자리가 된다. 때로는 너무나 고통스럽다. 바울이 독신인 사람들에게 자기는 그들이 결혼 생활을 면하게 하고 싶다고 말하는 것도 당연하다! 독신에는 그 이상의 유익도 있다. 독신인 사람들은 하나님의 일에 자신을 다 드릴 수 있다.

> 나는 여러분이 염려 없이 살기를 바랍니다. 결혼하지 않은 남자는, 어떻게 하면 주님을 기쁘게 해 드릴 수 있을까 하고, 주님의 일에 마음을 씁니다. 그러나 결혼한 남자는, 어떻게 하면 자기 아내를 기쁘게 할 수 있을까 하고, 세상일에 마음을 쓰게 되므로, 마음이 나뉘어 있습니다. 결혼하지 않은 여자나 처녀는, 몸과 영을 거룩하게 하려고 주님의 일에 마음을 쓰지만, 결혼한 여자는, 어떻게 하면 남편을 기쁘게 할 수 있을까 하고, 세상일에 마음을 씁니다(고전 7:32-34, 새번역).

독신으로 있기가 쉽다는 뜻이 아니다. 신약은 독신에 대해 긍정적이지만, 여전히 결혼이 표준이다. 그래서 독신자는 외로움과 성적 유혹과 씨름해야 한다. 우리는 혼자 있게 되어 있지 않으므로, 독신이라면 다른 관계를 구축하는 일에 힘써야 한다. 교회는 우리가 한 가족의 구성원이 되는 곳이어야 하고(마 12:48-50), 교회에는 우리의 많은 형제자매, 부모, 자녀가 있다(마 19:29-30).

독신 생활이든 결혼 생활이든 영원하지는 않다(막 12:25). 언젠가 신랑이신 예수님이 자기 신부를 위해 다시 오실 것이다. 그 일이 일어날 때 온갖 고통이 사라질 것이다. 힘겨운 결혼 생활이나 몹시 고통스러운 사별이나 어려운 이혼이나 반갑지 않은 독신 생활의 고통이 다 사라질 것이다. 우리는 모두 실망이 옛날 일이 될 이 순간에 계속 집중해야 한다.

우리가 기혼이든 독신이든 궁극적 기쁨은 하나님 그분 안에 있다. 우리는 하나님이 아닌 다른 어느 사람에게서도 최종적이고 완전한 만족을 찾을 수 없다.

나는 결혼해야 하나?

그리스도인은 결혼할 자유가 있다.

어떤 면에서는 결혼하지 않는 것이 더 거룩하다고, 마치 독신 생활이 결혼 생활보다 더 고귀한 소명인 듯이 가르치는 사람들은 어느 시대에나 있었다. 바울은 그와 같은 관점을 맹렬히 비난한다. 믿음을 버리고 속이는 영을 따르는 거짓 교사들이 있을 것이다.

> 혼인을 금하고 어떤 음식물은 먹지 말라고 할 터이나 음식물은 하나님이 지으신 바니 믿는 자들과 진리를 아는 자들이 감사함으로 받을

것이니라 하나님께서 지으신 모든 것이 선하매 감사함으로 받으면 버릴 것이 없나니 하나님의 말씀과 기도로 거룩하여짐이라(딤전 4:3-5).

하나님이 결혼을 정하셨다. 그리스도인으로서 나는 결혼을 하는 것이 옳은지 여부를 한 번도 질문한 적이 없다. 이것은 충분히 그리스도인의 자유 범위 안에 있다. 내가 결혼할 수 있는 사람은 한정적이지만 결혼 자체의 타당성에 관해서는 의문을 품을 수 없다.

그리스도인은 독신으로 있기로 결정할 자유도 있다.

결혼하고 싶은 사람을 아직 찾지 못했기 때문에 독신으로 있는지도 모른다. 또는 일부러 독신으로 있기로 결정할 수도 있다. 이러한 결정을 내리는 이유는 아주 다양하다. 독신으로 있으면 하나님을 섬길 기회가 훨씬 더 많으리라고 추정할 수도 있다. 이러한 결정을 내린 개척 선교사가 많다. 동성에게 끌리기 때문에 결혼하는 것이 합당하지 않다고 생각할 수도 있다. 신체적으로나 정신적인 면에서 결혼 생활에 문제가 생길 질병을 앓고 있을 수도 있다. 단순히 바울이 고린도전서 7장에서 서술한 그런 문제를 피하는 것이 나을 것 같아서 독신을 결정할 수도 있다.

그러므로 결혼을 하거나 안 하려는 결정은 그리스도인의 자유의 문제다.

다른 한편으로, 결혼을 원하는 것은 지극히 자연스럽고 성경적으로 합당하다. 그러면 나는 어떻게 할 수 있는가?

- 하나님께 기도하고 당신 생각을 아뢰라. 기도는 조종의 한 형태도 아니고 하나님의 팔을 비틀어서 강요하는 수단도 아니다. 하지만 우리는 마음속에 있는 것을 하나님께 털어놓을 수 있다. 야고보서에 따르면, 우리가 얻지 못하는 이유는 구하지 않기 때문이다(약 4:2-3).
- 하나님이 당신을 이끄신다는 것을 믿으라. 인내하는 것과 하나님은 그분께 선택을 맡기는 이들에게 가장 좋은 것을 주심을 믿는 것이 중요하다. 인도자이신 하나님을 아는 것이 그 길을 아는 것보다 더 중요하다는 것이 이 책의 주요 내용임을 기억하라. 기다리는 시간을 하나님을 더 잘 알아 가는 데 이용하라.
- 적당한 수단을 이용해서 적합한 짝을 만나 보라. 나는 남녀공학이 아닌 시대에 자랐다. 교회에서도 남자아이들과 여자아이들을 떼어 놓는 경우가 흔했다. 당시에는 그렇게 하는 것이 현명해 보였을 수도 있지만, 그리스도인인 배우잣감을 한 번도 만난 적이 없다면 어떻게 찾겠는가? 중요한 것은 다른 그리스도인들을 만날 기회를 모색하는 것이다. 때로는 친구들이 중매쟁이 역할을 할 수 있다. 기독교 결혼 정보 회사를 신중하게 이용하는 것도 고려해 볼 수 있다. 이러한 실제적인 수단 중에 어느 것을 이용해도 자포자기했다는 표시이거나 하나님의 주권을 부인하는 것이 아니다.
- 배우잣감과 데이트해 보라. 당신이 첫 데이트를 하면서 이 데이트가 결혼으로 이어질 수도 있다고 선언하면 두 번째 데이트는 가망이 없다! 그렇지만 데이트가 단순히 기분을 전환하는 방식 중 하나가 되어서는 안 된다. 결혼 상대자로 전혀 적합하지 않은 사람과는 데이트하

지 말아야 한다. 관계가 급속히 발전할 수 있으니 남의 감정을 상하게 하는 것을 조심해야 한다. 성관계는 결혼 생활에만 있음을 기억하고 두 사람이 서로 '잘 맞는지' 알아내는 실험은 하지 말아야 한다.

- 완벽한 사람을 찾으려고 하지 말라. 그런 사람은 존재하지 않는다! 결혼은 흠 있는 두 사람이 하나 되는 것이다. 천국의 이쪽 면에서는 당신과 찰떡같이 맞는 사람은 발견하지 못할 것이다. 두 사람이 모든 면에서 뜻이 맞는다고 생각한다면 결혼 생활이 그런 생각에서 이내 깨어나게 해 줄 것이다. 완벽한 사람을 찾기보다는 건전한 사람이 되어라. 자신의 실수를 솔직하게 인정하고 거룩해지기에 힘쓰라(빌 2:12-13). 에베소서 5장 21-33절에 나오는 남편의 태도와 아내의 태도를 읽고 당신이 이러한 성격 특성을 기르기 시작하도록 도와주시기를 하나님께 간구하라.

- '영혼의 동반자'를 찾지 말라. 당신에게 딱 맞도록 설계된 단 한 사람이 저기 밖에 있다는 것은 할리우드의 신화다. 때로는 교회가 당신을 지구라는 행성에 있는 배우잣감 수백만 명 중에 결혼해야 하는 사람이 단 한 명 있다는 생각에 푹 잠기게 하기도 한다. 당신이 신호를 제대로 읽는다면 바로 그 사람을 발견하게 되어서 두 사람이 그 후로 내내 행복하게 살아가리라는 것이다. 영적인 소리로 들리지만 이는 착각이다. 하나님이 당신이 결혼하기를 원하신다면 당신을 위해 배우자를 마련해 두신다. 하지만 그 사람의 이름을 밝히지 않으셨으니 당신이 함께 하나님을 영화롭게 하고 경이로운 결혼 생활을 누릴 배우잣감은 무수하다. 이러한 유형의 생각에는 당신이 이렇게

찾기 힘든 사람을 찾느라고 결국은 좋은 결혼을 하지 않을 위험성이 있다. 성경의 강조점은 다른 곳에 있다. 하나님의 뜻을 구하고, 당신이 사랑하는 사람을 선택하고, 선택한 사람을 사랑하라.

이 사람이 적합한 배우자인가?

성경은 내가 결혼할 사람의 이름을 밝히지는 않지만, 내가 이 질문을 불쑥 내밀기 전에 분명한 지침을 제시한다. 성경이 가르치는 내용을 빠짐없이 생각하고 일곱 단계를 적용해 보자.

1단계: 내주라

- 결혼하고 싶은 이유를 자신에게 물어보라.
- 이 관계가 술술 풀리지 않으면 하나님께 화를 낼 것인가?
- 혼기를 놓치고 남겨지는 것이 두려워서 결혼하려고 하는가?
- 재정상 안전 보장을 위해 결혼하고 싶은가?
- 결혼할 준비가 되었는가?
- 욕정이 동기가 되었는가, 아니면 진실한 우정을 키워 왔는가?

2단계: 기도하라

- 순수한 동기로 결혼하기를 기도하라.
- 적절한 사람을 찾기를 기도하라.
- 당신이 적절한 사람(경건한 남편이나 아내)이 되기를 기도하라.

- 데이트하는 과정에서 순결을 주시기를 간구하라.
- 과거에 저지른 성적인 죄를 용서해 주시기를 간구하고, 그러고 나서 그 죄책감과 수치심은 과거의 일로 하고 잊으라.

3단계: 찾으라

위에서 개략적으로 약술한 성경의 가르침을 쭉 훑어보라. 경계를 고려하라. 곧 당신은 성경적인 일정한 테두리 안에서는 아무 사람과든 결혼할 자유가 있다.

- 당신은 이성과 결혼할 자유만 있다. 결혼은 한 남자와 한 여자의 언약적 결합이다(창 2:24). 이것은 분명 이 사회의 지배적인 문화를 거스르는 것이지만, 그리스도인으로서 내 양심은 하나님 말씀을 따른다.
- 근친과는 결혼할 자유가 없다. 성경은 레위기 18장 6-17절에서 이것을 자세히 설명한다. 영국법은 근친결혼을 금지한다(한국법도 마찬가지다-역주).
- 그리스도인이라면 같은 그리스도인과만 결혼할 수 있다(말 2:11; 고전 7:39). 당신은 '주 안에서' 결혼해야 한다. 그 사람이 장차 언젠가는 신자가 될 수도 있다는 희망을 품고서 결혼하지는 말아야 한다.* 그와 같은 환경에서는 두 사람의 가치관과 목표와 동기가 자기들을 서

---

* 그렇지만 결혼한 후에 그리스도인이 되었는데 비그리스도인인 배우자가 나와 계속 결혼 생활을 이어 가기를 바란다면 그렇게 해야 한다. 믿지 않는 남편이나 아내가 떠난다면 남겨진 아내나 남편이 얽매일 것이 없다.

로 다른 방향으로 끌고 간다는 것을 깨닫게 될 것이다(고후 6:14-16).

- 당신은 그리스도인이므로 어느 이혼자가 성경적인 이유로 이혼하지 않았다면 그 사람과 결혼해서는 안 된다. 그리스도인들은 이것에 동의하지 않지만, 내 생각에는 성경이 이혼과 재혼을 허락하는 이유로는 성적인 부도덕이 있는 경우와(마 19:9) 믿지 않는 배우자에게 유기당한 경우다(고전 7:15). 물론 과부와 홀아비는 재혼이 허용된다(롬 7:2).

4단계: 모으라

완벽하게 맞는 것 따위는 없지만, 두 사람이 마음을 같이할 수 있는지 확인하기 위해 논의해 보아야 하는 영역이 있다.

- 인척 관계를 어떻게 풀어 나갈 것인가?
- 자녀를 원하는가?
- 육아에 대한 관점은 어떠한가?
- 직업에 대해 어떠한 기대가 있는가?
- 어디에 살고 싶은가?
- 돈 관리를 어떻게 할 것인가?
- 의견이 다를 때 어떻게 대처해 왔는가?
- 교회와 기독교의 예배에 대한 견해는 무엇인가?
- 두 사람 중 어느 한 사람이 기독교 사역을 천직으로 삼고 싶은 마음이 있는가?

5단계: 생각하라

하나님이 주신 상식을 사용하라.

- 이 사람과 친구인가? 남은 생애를 함께 보내는 것을 마음에 그려 볼 수도 있는가?
- 성적인 결합은 결혼에서 아주 중요한 부분이므로, 적어도 두 사람이 서로 어느 정도는 성적으로 끌려야 한다. 결혼 전에 그것을 실험해 볼 자유는 없다. 결혼식에 당신이 배우자에게 줄 수 있는 정말 특별한 선물은 순결이라는 선물이다. 그렇지만 당신이 청혼하는 사람에게 성적 매력을 느껴야 한다. 이것을 고려 대상에서 제외한다는 말이 고상하게 들릴 수는 있지만 결국은 어리석은 것이다.
- 이렇게 말하기는 하지만 성경은 외모보다는 경건을 훨씬 더 강조한다. 매력 그 자체로는 부족하다. 사람의 아름다움은 시들기 마련이지만, 성품의 아름다움은 사라지지 않는다. 절대로 호르몬이 선택을 좌우지하지 말게 하라. "고운 것도 거짓되고 아름다운 것도 헛되나 오직 여호와를 경외하는 여자는 칭찬을 받을 것이라"(잠 31:30).
- 둘이 함께 기도할 수 있는가? 결혼의 본질은 친밀한 사귐에 있으며, 당신은 그리스도인이기에 그리스도를 사랑하고 섬기려는 갈망을 공유할 벗을 원한다.

6단계: 의논하라

친구와 가족에게 말하라.

- 두 사람이 신뢰하고 두 사람을 아주 잘 아는 사람들에게 조언을 구한다면 대단히 지혜로운 일이다. 친구들은 두 사람이 서로 어떻게 공감하는지, 의견이 다를 때 어떤 식으로 처리하는지 볼 것이다. 두 사람의 관계를 당신들보다 더 객관적으로 관찰할 수 있을 것이다.
- 특히 경건한 부모님의 충고를 귀담아들어야 한다. 그 충고가 결정을 내리는 데 중요한 걸림돌은 아닌데, 부모님이 자녀들에게 충고할 때 여러 동기가 섞이는 일도 있기 때문이다. 부모의 판단이 반드시 객관적이지는 않지만, 자녀의 행복을 정말로 바라고 자녀의 장단점을 아는 데 유리한 입장이다. 그래서 부모님이 경고하신다면 걱정하시는 이유에 귀를 기울이기라도 해야 한다.
- 성경에서는 부모가 자녀가 결혼할 적합한 짝을 선택하는 것이 전통이었다(창 21:21; 24:2-4). 그 혼담을 놓고서 부부가 될 사람들의 의견을 묻지 않았다는 뜻은 아니고(창 24:57-58; 34:4, 8-9), 그러한 전통이 우리 문화와 맞으리라고 말하는 것도 아니다. 그렇지만 우리가 부모님을 존경하고 그분들의 지혜로운 충고를 귀담아듣는 것을 성경에서, 특히 잠언에서 칭찬한다는 사실을 나타내는 것이기는 하다(잠 1:8-9).

7단계: 결정하라

- 미적거리지 말라. 결혼에는 언제나 위험 요소가 따른다. 성경을 확

인했고, 친구와 가족에게 말했고, 내가 이 사람을 사랑하고 그 사람도 나를 사랑하는 것으로 보인다. 더 할 일이 있을까? 없다!

- 초자연적인 계시를 기다리는 중이라면 아마 영원히 기다리게 될 것이다.
- 누군가가 이상적인 여건이 되기를 계속 기다리게 하는 것이 잔인한 때가 오기 마련이다. 하나님이 가장 잘 아신다는 사실을 믿고 믿음으로 걸음을 내디디라.
- 구애는 숨쉬기와 약간 비슷하다. 성경은 구애하는 방법을 가르쳐 주지 않는다. 당신이 그 방법을 알고 있다고 가정할 뿐이다. 지혜로운 사람 아굴에게는 "남자가 (젊은) 여자와 함께하였던 자취"가 "기이한" 일이었다(잠 30:18-19, 새번역).
- 하나님은 선하시며 자기 자녀에게 좋은 선물을 주기를 기뻐하신다. 사랑에 빠지는 것은 그러한 좋은 선물에서도 지극히 귀한 선물이다. 우리는 그분의 선물을 기쁘게 받아야지, 우리 아버지 하나님의 마음에 있는 선함을 의심해서는 안 된다.

결혼은 힘든 일이며, 완벽하게 맞는다는 신화는 진짜 신화에 불과하다. 결혼하면 예전 생활 방식으로 살아가지 말아야 한다. 우리는 더는 혼자가 아니다. 더는 자기 자신을 기쁘게 할 수 없다. 이제 내 삶의 목표는 다른 사람을 기쁘게 하는 것이다. 새로운 꿈이 탄생할 수 있도록 내 꿈이 죽어야 한다. 내 야심과 좋아하는 것과 열정의 초점이 이제는 다른 사람의 행복에 있어야 한다.

훌륭한 결혼 생활은 조각상과는 다르다. 조각상은 그대로 놓아둘 수 있다. 조각가가 자신의 걸작품 위에 천을 씌우고 가 버린다고 하자. 다시 돌아와서 천을 걷어 내면, 조각상은 전에 놔두고 간 대로 있다. 당신이 결혼이라는 걸작품을 방치한다면, 그 천을 걷어 냈을 때 놔두고 간 그대로 있지 않을 것이다.

결혼 생활은 물을 잘 주면서 아주 잘 돌본 정원과 더 비슷하다. 힘들고 고단한 수고의 결과다. 아름다운 정원은 오랜 시간 보이지 않게 노역한 결과다. 정원사는 손에 물집이 잡히고 뼈마디가 아플 것이다. 잠시라도 정원사가 일손을 놓으면 무슨 일이 일어날까? 정원사가 다시 일하러 왔을 때 정원은 예전과 같지 않을 것이다. 방치되었던 정원은 달갑지 않은 잡초 천지일 것이다. 결혼 생활을 방치하면 마찬가지로 서서히 썩고 부패하기 마련이다. 결혼 성사는 하늘에서 할 수 있지만, 결혼이라는 걸작품 유지는 우리 책임이다.

생 각 하 기

1. "이러므로 남자가 부모를 떠나 그의 아내와 합하여 둘이 한 몸을 이룰지로다"(창 2:24). 결혼에 대한 하나님의 청사진을 보라. 하나님은 결혼의 본질과 관련하여 우리에게 무엇을 말씀해 주시는가?

2. "하나님은 성관계를 찬성하시고, 성관계는 결혼을 위해 존재하며, 결혼은 평생을 위한 것이다."[2] 이 진술에 담긴 의미는 무엇인가? 이것이 시대착오적이고 부자연스럽다는 주장에 당신이라면 어떻게 대답하겠는가?

3. 결혼하는 것이 옳은 이유와 옳지 않은 이유 목록을 작성해 보라.

4. 하나님이 주신 상식을 이용하는 단락에는 아내나 남편이 될 사람과 머리를 맞대고 생각하고 싶을 질문 목록이 있다. 그 외에 당신이 다루고 싶은 영역은 무엇인가?

5. 정말로 결혼하고 싶지만 적합한 배우자를 찾지 못한다면 그러한 실망에 어떻게 대처할 수 있는가? 다른 그리스도인들이 이 실망을 어떻게 도와줄 수 있는가?

Part 3

인도하심의
원리를
넘어서

Invest
Your
Future

도전

나는 어느 여름 캠프에서 그리스도인이 되었다. 1967년, 내가 열한 살일 때였다. 다름 아닌 그리스도의 십자가 때문에 내가 그리스도인이 되었다. 예수님이 나를 위해 죽으셨다는 것을 알게 되었을 때, 나는 십자가로 피했고, 성경이 "말할 수 없는 영광스러운 즐거움으로 기뻐하니"(벧전 1:8)라고 표현한 것이 내 안에 가득했다. 그날 저녁, 나는 캠프 리더에게 내게 일어난 일을 이야기했고, 리더는 내게 빌립보서 1장 21절을 짚어 주었다. "이제 너는 예수님의 소유야. 바울은 '이는 내게 사는 것이 그리스도니 죽는 것도 유익함이라'라고 말했지. 그게 이제 네 인생이야. 예수님이 너를 구원하셨어. 너는 그분 소유야. 이제 평생 예수님을 위해서 살아가렴."

그 말을 갓 회심한 열한 살짜리가 완벽하게 이해했고 지금도 그렇다! 나는 그 말씀에 담긴 의미를 속속들이 이해하지는 못했다. 도대체 내가 어떻게 이해할 수 있었겠는가? 하지만 이제는 그 말씀이 성경에서 그리스도인의 삶을 매우 알아듣기 쉽게 요약한 말씀 중 하나로 보인다.

이것이 진실하고 진짜이고 철저한 기독교다.

이 책은 인도하심을 다룬다. 때로는 옳은 일을 행하려면 '안전'하지 않으면서 '이해'할 수도 없는 결정을 기꺼이 내려야 한다. 결정을 내리는 방식은 그리스도인과 비그리스도인이 아주 비슷하다. 어느 경우든 할 수 있는 한 정보를 다 모아서 득실을 두루 훑어본다. 우리는 아마 목록을 두 개 만들 것이다. 대부분의 상황에서 둘 중에 더 설득력 있는 목록을 따를 것이다.

하지만 거기까지만 비슷하다.

그리스도인으로서 나는 목록을 살펴볼 수도 있고, 전부 가장 안전한 길은 대다수 요인이 가리키는 방향에 있다고 추천하는 듯이 보일 수도 있다. 하지만 우리는 거기에서 끝내 버리지 않는다. 때로 우리는 절대로 안전하지도, 이해할 수 있지도, '타당'하지도 않은 결정을 내린다.

우리는 자기에게 익숙한 방식을 넘어서는 방식을 실행하기로 결정할 수도 있다. 남들은 우리를 미쳤다고 생각할지 모르며, 같은 그리스도인 중에도 그렇게 생각할 사람이 있을 것이다. 그렇지만 예수님을 기쁘시게 하려는 열정과 기꺼이 모든 것을 영원에 비추어 보려는 마음이 우리를 몰아간다. 우리는 절대로 어리석거나 미친 것이 아니라 우리의 믿음에 담긴 뜻을 실천하는 중이다. 우리는 한낱 상식을 초월하는 지혜를 발휘하는 중이다.

2부에서는 하나님이 어떠한 인도 과정을 이용하여 우리와 그분의 관계가 더 깊어지게 하시고 그리하여 우리가 인도자이신 하나님의 경이와 아름다움을 누리게 하시는지 살펴보았다. 이제 우리의 인도자이신 하나님의 신실하심도 확인할 것이다. 그분은 이 여정이 끝날 때까지 우리를 인도하실 것이다.

Invest
Your
Future

Invest
Your
Future

11 우리의 인도자를 알기

식인종에게 간 선교사

존 깁슨 페이튼(John Gibson Paton)은 1824년 5월 24일 스코틀랜드에서 태어났다. 어린 시절 페이튼은 아직 복음이 닿지 못한 뉴헤브리디스(현 바누아투 공화국) 사람들에게 복음을 가지고 가라고 하나님이 자기를 부르셨다고 생각했다.

그 섬에는 식인종이 살고 있었다. 그곳에서 앞서 1839년에 존 윌리엄스(John Williams)와 제임스 해리스(James Harris)라는 두 선교사가 그들에게 죽임을 당하고 먹혔다. 그런데도 페이튼은 그곳에 가기로 결심했다.

페이튼이 자신의 비전을 교회 장로들과 나누자 반대가 상당했다. 장로 중 한 명인 딕슨이라는 사람은 이것이 하나님의 뜻일 수 있는지

의문을 표했다. 페이튼도 선배 선교사들과 같은 운명을 만나면 어떻게 되는가?

페이튼의 대답에는 유머가 스쳤으나 하나님의 뜻에 대한 철저히 성경적인 이해를 보여 준다.

딕슨 씨는 이제 상당한 고령이시니 곧 무덤 속에 놓이실 텐데, 거기에서 벌레들에게 먹히시겠지요. 솔직히 말해 제가 주 예수님을 섬기고 높이면서 살다가 죽을 수밖에 없다면 식인종에게 먹히든 벌레에게 먹히든 저한테는 별 차이가 없을 것이고, 심판의 날에 제 부활의 몸은 딕슨 씨의 몸만큼이나 온전하게 부활하신 우리의 구속자와 같은 모양으로 부활할 것입니다.[1]

강하게 반대한 사람이 한 명은 아니었다.

반대 의견이 거의 모든 이에게서 너무나 강하게 나왔고, 강하게 반대하는 사람 대다수는 그리스도인인 친한 친구들이었다. 내가 하나님의 뜻을 이행하는 중인지, 아니면 고집을 꺾지 않는 한낱 내 소원에 불과한 것을 단행하는 중인지 몹시도 질문하고 싶었다. 그래서 아주 불안해지기도 했고, 기도하며 하나님께 가까이 가게 되었다.[2]

인도하심에 관해 질문을 하면서 하나님과 더 가까이 동행하려는 마음에 불이 붙었다.

1858년에 페이튼은 아내 메리와 함께 타나섬에 상륙하여 식인종 부족들 사이에서 사역을 시작했다. 도착하고 석 달 후인 1859년 2월 12일에 아들 피터 로버트가 태어났다. 그러나 딱 19일 후에 메리가 열대성 열병으로 죽었다. 그 후 얼마 지나지 않아 피터도 생후 36일쯤에 죽었다.

페이튼은 아내와 자녀를 함께 묻었다. "나와 조금이라도 비슷하게 한밤중과 같은 어둠 속을 통과한 적 있는 사람들이 나를 위로하게 하라. 그 외 다른 모든 사람이 내 슬픔을 그려 내고자 한다면 정말로 헛된 일일 것이다."[3)]

페이튼은 몇 밤 동안 무덤가에서 잠을 자면서 아내와 아들의 시신을 그 지역 식인종들에게서 지켰다. 그러고서 사역을 계속해 나갔지만, 맞닥뜨리는 적대감이 점차 심해졌고 몇 번은 피살당할 뻔했다. 한번은 적대자들이 자기를 찾아다닐 때 어느 나무 속에 숨어야 했다.

> 나는 나무를 타고 올라가서 우거진 잎사귀 속에 홀로 있게 되었다. 그곳에서 보낸 몇 시간이 마치 그저 어제처럼 내 앞에 고스란히 생생하게 남아 있다. 머스킷 총을 쏘는 소리가 수시로 들렸고, 야만인들이 고함을 질렀다.[4)]

페이튼이 인도하심을 잘못 이해했는가? 딕슨의 신중함이 옳았는가? 고통스러운 경험을 돌아보면서 페이튼은 자기들 안에서 하나님의 손길을 보게 되었다. 특히 자기가 누린 깊은 사귐에 대해 이렇게 적었다.

그런데 나는 그곳에서 마치 예수님의 품에 있는 것만큼이나 안전하게 나뭇가지 사이에 앉아 있었다. 내가 온갖 슬픔을 겪는 중에 주님이 내게 가장 가까이 다가오셔서 내 영혼을 가장 잘 달래며 말씀해 주시던 때는 바로 내가 마음을 쏟아 예수님께 아뢸 때 달빛이 밤나무 잎사귀 사이에서 깜빡이고 밤공기가 내 욱신거리는 이마에 스치던 그 밤이었다. 나는 혼자였으나 혼자가 아니었다! 그렇게 홀로 있음이 내 하나님을 영광스럽게 하는 것이라면, 나는 기꺼이 그런 나무에서 수많은 밤을 보내며 내 구주의 영적 임재를 다시 느끼고 그분의 위로가 담긴 교제를 누리겠다. 이처럼 당신의 영혼이 홀로, 정말로 홀로, 한밤중에 나무 사이에, 죽음 그 자체에 완전히 포위된 가운데 던져진다면, 그때 당신을 저버리지 않는 친구이신 주님이 당신에게는 있는가?[5]

여러 해 동안 고통스럽고 자기를 희생하는 수고를 한 끝에 페이튼은 열매를 보기 시작했다. 수많은 사람이 우상을 무너뜨렸으며, 기독교가 그 섬에서 영구적인 기반을 다졌다.

중심 주제

이 책은 인도하심을 다룬다. 우리는 하나님의 뜻을 분별하고 따르기를 원한다. 그렇지만 인도하심을 구하는 것보다 더 중요한 것이 있다. 우리 삶의 가장 압도적인 목표는 인도자이신 분을 아는 것이다.

인도하시는 과정이 복잡하고 헷갈려 보일 때, 아니면 뜻밖의 고통스러운 결과를 초래하는 결정을 내릴 때 이것을 기억할 필요가 있다. 그와 같은 때 우리는 뒤로 물러서서 큰 그림을 보아야 한다. 하나님의 목적은 관계에 초점이 있다. 그 길이 힘겨워서 내가 인도자이신 하나님께 기대면 그분께 위로와 힘을 얻는다.

하나님을 아는 것이 성경의 중심 주제다. 성경이 바로 거기에서 시작한다. 하나님은 그분의 형상을 따라 남자와 여자를 창조하셔서 그들이 하나님과의 관계를 누리게 하셨다. 아담과 하와는 날이 서늘할 때 하나님과 거닐었는데(창 3:8), 이는 친밀하고 따뜻하게 교제하는 광경이다. 죄가 이 관계를 무너뜨렸다. 생명의 근간이 하나님과의 사귐이라면 죽음의 본질은 이 생명에서 끊어지는 것이다. 하나님이 없다면 우리는 줄기가 잘린 꽃과 같아서 잠시 화려하게 살아 있는 듯이 보일지 몰라도 이내 시들어 말라 버릴 것이다.

하나님이 아담과 하와를 찾으러 오셨다는 사실은 정원사이신 하나님이 정원을 버리지 않으셨음을 보여 준다. 하나님이 그들에게 손을 내미시고 관계 회복을 약속하신다. 그리스도를 통해서 이 관계가 재건되었다. 영원한 생명의 근간은 그분을 아는 것이다. "영생은 곧 유일하신 참 하나님과 그가 보내신 자 예수 그리스도를 아는 것이니이다"(요 17:3).

이 관계를 회복하시려고 하나님이 기꺼이 그분의 아들을 참혹한 갈보리로 보내셨다. 십자가는 하나님과 누리는 친밀함의 대가다. 기도할 때마다 나는 이러한 친밀함이 있기 위해 구주께서 얼마나 큰 희생을 치르셨는지 기억해야 한다.

이 희생의 최종 결과가 성경의 마지막 장에 나온다.

다시 저주가 없으며 하나님과 그 어린양의 보좌가 그 가운데에 있으리니 그의 종들이 그를 섬기며 그의 얼굴을 볼 터이요 그의 이름도 그들의 이마에 있으리라 다시 밤이 없겠고 등불과 햇빛이 쓸 데 없으니 이는 주 하나님이 그들에게 비치심이라 그들이 세세토록 왕 노릇 하리로다(계 22:3-5).

인생이 일종의 여행이고 인도하심의 본질은 올바른 길을 찾는 것이라면, 여기에서 그 여행이 끝난다. 그 여행의 목적은 날마다 하나님과의 동행을 누리는 것이다.

제임스 패커가 우리를 위해 요약하게 하자.

우리는 하나님을 알도록 지음 받았다. 우리 삶의 목적은 하나님을 아는 것이다. 예수님이 주시는 영생은 하나님에 대한 진정한 앎이다. 삶에서 가장 큰 기쁨과 즐거움과 만족을 주는 최고의 일은 하나님에 대한 참되고 구원하는 지식이다. 하나님은 정말로 우리가 그분을 알게 되기를 바라신다.[6]

훌륭한 야심

야심은 무언가를 성취하려는 열렬하고 강한 바람이라고 정의 내릴 수도 있다. 빌립보서 3장 10-11절에서 바울은 자신의 가장 은밀한 야심을 공유한다. "내가 바라는 것은, 그리스도를 알고, 그분의 부활의 능력을 깨닫고, 그분의 고난에 동참하여, 그분의 죽으심을 본받는 것입니다. 그리하여 나는 어떻게 해서든지, 죽은 사람들 가운데서 살아나는 부활에 이르고 싶습니다"(새번역).

바울은 그리스도를 알고 있지만, 더 알기를 원한다. 삶을 송두리째 변화시키는, 그리스도의 부활의 능력을 바울은 자기 삶에서 경험하기를 원하기도 한다. 죄의 중력이 걸핏하면 우리를 아래로 잡아끌지만, 그리스도께서는 그 중력을 거스르는 부활의 능력을 그분을 신뢰하는 이들의 삶에 발산하신다. 바울은 이것을 넘어서 그리스도의 고난에 있어서 동료애를 경험하기를 원한다. '동료애'(fellowship)라는 단어는 공동의 목표를 추구 중인 동업자라는 개념을 지닌다(빌 1:5, 7; 2:1). 우리는 십자가에 못 박히신 구주를 따르며 세상에서 그분의 선교에 전념한다. 바울의 야심은 어떠한 대가를 치르더라도 이 선교에서 그리스도와 동역하는 것이다.

이것이 우리가 맞닥뜨린 결정에 어떻게 영향을 미칠 수 있는가? 다음의 질문이 연이어 떠오르게 한다.

- 내가 야심의 영향을 받아 결정한다면, 내 야심이 하나님의 기쁨과 계획과 일맥상통하는가?

- 나는 그리스도를 더 풍성하고 완전하게 알기를 갈망하는가?
- 부활의 능력이라는 더 높은 추진력이 내가 생각하는 방식과 내가 기뻐하는 일들을 가득 채우는가?
- 나는 상반되는 선택에 직면할 때 그리스도와 그의 나라에 최우선으로 관심이 있기에 결국은 고난을 겪을 수도 있는 길을 기꺼이 택하는가?
- 내 결정은 당면 문제에 대한 단기적 해결책인가, 아니면 그리스도를 아는 상과 영원을 늘 주의 깊게 살피는가?

나아가는 중

바울은 이 야심이 자기 삶에서 어떻게 실행되는지를 설명하기 시작한다.

나는 이것을 이미 얻은 것도 아니며, 이미 목표점에 다다른 것도 아닙니다. 그리스도 [예수]께서 나를 사로잡으셨으므로, 나는 그것을 붙들려고 좇아가고 있습니다. 형제자매 여러분, 나는 아직 그것을 붙들었다고 생각하지 않습니다. 내가 하는 일은 오직 한 가지입니다. 뒤에 있는 것은 잊어버리고, 앞에 있는 것을 향하여 몸을 내밀면서, 그리스도 예수 안에서, 하나님께서 위로부터 부르신 그 부르심의 상을 받으려고, 목표점을 바라보고 달려가고 있습니다(빌 3:12-14, 새번역).

하나님을 아는 지식 안에서 자라는 것은 평생의 과정이다. 기독교는 한 방향으로 오래 순종하는 것이다. 그래서 매일 크고 작은 결정에 맞닥뜨릴 때 우리는 아직 우리가 도착 전이라는 것을, 즉 가는 중이라는 것을 기억해야 한다. 바울의 거룩한 야심(빌 3:10-11)은 솔직한 고백과 겸손한 헌신(빌 3:12-14)에 어울린다.

예수님을 따른 지 30년이 지난 후에도 바울은 갈 길이 아직도 멀다는 것을 자각한다. 우리는 날마다 자신이 아니라 하나님을 존경하는 결정을 해야 한다. 내가 어제 경건한 결정을 내렸다는 사실이 오늘도 똑같이 경건한 결정을 내리리라고 보장해 주지 않는다. 결정을 내리는 과정에서 우리는 도전을 받고 욕망을 깨끗하게 할 것이다. 아무리 큰 대가를 치르더라도 월계관에서 눈을 떼지 않는 달리기 선수처럼, 또는 사냥감을 줄기차게 추적하는 사냥꾼처럼 우리는 상을 움켜잡으려고 밀고 나가야 한다(빌 3:12). 우리는 한결같이 마음을 다해야 한다(빌 3:13). 지름길도 없고 간단히 따르면 되는 3단계도 없다. 우리가 불화에 초연하게 하는 제2의 축복은 존재하지 않는다. 우리는 두렵고 떨리는 마음으로 구원을 이루어 가야 한다(빌 2:12-13). 우리는 내려놓고 하나님께 맡기기보다는 하나님을 신뢰하며 계속해서 나아가야 한다.

왜 인도하심이 그렇게도 중요한 주제인가? 왜 우리는 인도하심이 혼란스럽거나 정신을 쏙 빼놓게 한다는 생각이 자주 드는 것인가? 그리스도를 따르려면 험준한 지형을 넘어가기도 해야 한다는 것을 우리가 종종 잊기 때문이라는 것이 그 대답이다. 우리는 싸움터에서 살고 있으며, 그 싸움은 안팎에서 모두 벌어진다. 경건하게 결정을 내리면 내게 진정으로 중요한 것에 관심을 집중하게 된다.

최종 목표가 무엇인가? 바울은 빌립보서 3장 뒷부분에서 최종 목표를 들려준다.

> 그러나 우리의 시민권은 하늘에 있는지라 거기로부터 구원하는 자 곧 주 예수 그리스도를 기다리노니 그는 만물을 자기에게 복종하게 하실 수 있는 자의 역사로 우리의 낮은 몸을 자기 영광의 몸의 형체와 같이 변하게 하시리라(빌 3:20-21).

나는 그리스도인으로서 왕이 돌아오시기를, 그리하여 창조 세계가 회복되고 이 연약한 몸의 형체가 변하기를 기다린다. 바울은 자기가 죽고 나면 그리스도와 함께 있을 것이고 그편이 훨씬 낫다는 것을 안다(빌 1:21-24). 몸이 잠들어 있는 동안 영혼은 그리스도와 함께하는 완전한 행복을 누릴 것이다. 이것이 영생(영원한 삶)의 본질이다. 그렇지만 이것이 최종 상태는 아니다. 사후의 삶 이후의 삶이 있다. 이 충만한 삶은 이 낮은 몸이 그분의 영광의 몸과 동일한 형체로 변할 때 시작된다.

이 말은 이러한 기대가 내가 지금 내리는 결정에 생기를 불어넣어야 한다는 뜻이다. 이 세상이 주려고 하는 빛나는 상이 아니라 하늘의 상급이 내 선택을 좌우해야 한다. 예수님은 우리에게 이렇게 경고하신다.

> 너희를 위하여 보물을 땅에 쌓아 두지 말라 거기는 좀과 동록이 해하며 도둑이 구멍을 뚫고 도둑질하느니라 오직 너희를 위하여 보물을 하늘에 쌓아 두라 거기는 좀이나 동록이 해하지 못하며 도둑이 구멍을 뚫지도 못하고 도둑질도 못하느니라 네 보물 있는 그곳에는 네 마음도 있느니라(마 6:19-21).

이 말씀에 비추어 보면, 바울의 최종 발언이 격려가 된다. "그러므로 사랑하고 사모하는 나의 형제자매 여러분, 나의 기쁨이요 나의 면류관인 사랑하는 여러분, 이와 같이 주님 안에 굳건히 서 계십시오"(빌 4:1, 새번역).

2년 전에 아내의 자매가 의미 있는 생일을 기념하기 위해 아내를 두 주짜리 크루즈 여행에 데리고 갔다. 나는 아내를 위해 기뻐했다. 유일한 문제는 우리가 이야기를 할 수 없다는 것뿐이었다. 문자 메시지는 주고받을 수 있지만, 2주 동안 나는 아내의 목소리를 듣지 못했다.

첫째 주는 괜찮았다. 나는 바빴고 시간도 금방 지나갔다. 하지만 둘째 주 무렵에 나는 아내를 그리워하기 시작했다. 세상에, 아내가 정말로 그리웠다! 아내가 돌아오는 것을 기다릴 수가 없었다. 사랑은 아프다. 솔로몬은 이렇게 표현했다.

> 너는 나를 도장같이 마음에 품고 도장같이 팔에 두라 사랑은 죽음같이 강하고 질투는 스올같이 잔인하며 불길같이 일어나니 그 기세가 여호와의 불과 같으니라 많은 물도 이 사랑을 끄지 못하겠고 홍수라

도 삼키지 못하나니 사람이 그의 온 가산을 다 주고 사랑과 바꾸려 할지라도 오히려 멸시를 받으리라(아 8:6-7).

아내와 재회하고 나서 내 감정을 곰곰이 생각했다. 나는 아내의 얼굴을 보고 목소리를 듣기를 간절히 바랐었다.

우리가 인도하심을 찾는 과정에서 하나님은 우리 마음을 일깨워 그분을 간절히 그리워하게 하는 것을 가장 중요한 목적으로 삼으신다. 하나님이 얼굴을 숨기실 수도 있고 하나님의 음성이 희미한 듯한 때가 있을지 몰라도, 그와 같은 때에 우리 마음이 하나님을 간절히 바라게 된다.

이사야 26장 8절에는 이런 말씀이 있다.

여호와여 주께서 심판하시는 길에서 우리가 주를 기다렸사오며 주의 이름을 위하여 또 주를 기억하려고 우리 영혼이 사모(desire)하나이다.

존 파이퍼(John Piper)는 이 구절 하반 절을 주해하면서 이렇게 말한다.

당신 인생에서 이보다 더 중요한 것이 없다. … 이 사모함이 다른 모든 사모함을 이긴다. 예수님, 곧 구주이시고 하나님의 아들이시고 왕 중의 왕이신 그분의 이름을 무엇보다도 사모하지 않는다면 당신은 생명을 허비할 뿐 아니라 생명을 잃을 것이다. … 그러나 당신이 무엇보다도 (그 대가로 생명을 잃는다고 해도) 예수님을 가장 사모한다면 이 경주를 마치고 많은 사람을 함께 데리고 가서, 함께 주인의 즐거움에 영원히 참여할 것이다.[7]

인도하심 때문에 고민한다면, 또는 가는 길이 힘들고 우리를 고통스러운 곳에 데려다 놓는다면, 이 세상에서 우리의 위로가 사라진다면, 그것은 하나님이 우리 마음에 갈망을 일으키고자 하시기 때문이며 그 갈망만 하나님께 만족을 드릴 수 있다. 장래에 대한 불안은 초조로 이어질 수 있다. 인도자이신 하나님과 우리의 관계가 깊어질수록 이러한 불안이 전체적으로 눈에 들어온다. 그리고 어거스틴(Augustine)이 『고백록』 시작 단락에서 "주여, 주님이 우리를 만드셨으니 우리 마음은 주님 안에서 안식하기 전에는 안식이 없습니다."라고 상기시켜 주듯이, 우리는 영혼의 안식을 발견한다.[8]

생각하기

1. "주여, 주님의 고난을 함께 겪는 영광으로 제 삶을 빚어 주소서." 이 기도는 인도하심이라는 주제에 대해 어떠한 의미가 있는가?

2. 우리의 야심이 하나님을 기쁘시게 한다는 것을 어떻게 알 수 있는가? 무슨 야심이든 그리스도와 그분의 나라와 특별한 관련이 없는 야심이 그리스도인에게 있어도 되는가?

3. 내가 유익한 목소리에 귀 기울이고 위험스러운 목소리를 피하고 있는지 어떻게 확인하는가?

4. "그러나 우리의 시민권은 하늘에 있는지라 거기로부터 구원하는 자 곧 주 예수 그리스도를 기다리노니 그는 만물을 자기에게 복종하게 하실 수 있는 자의 역사로 우리의 낮은 몸을 자기 영광의 몸의 형체와 같이 변하게 하시리라"(빌 3:20-21). 이 말씀이 내가 하는 선택과 내리게 되는 결정에 어떠한 영향을 미쳐야 하는가?

12 우리의 인도자를 신뢰하기

가장 위대한 세대

우리 어머니는 '가장 위대한 세대'(greatest generation)이시다.

이 용어는 1998년 미국의 저널리스트인 톰 브로커(Tom Brokaw)의 책 제목 때문에 유명해졌다.[1] 톰 브로커는 미국인 중 대공황에서 벗어나고서 제2차 세계대전에 참전했거나 본국에서 자기 자리를 지킨 사람들에게 이 용어를 적용한다. 이들이 참전한 이유는 명성을 얻거나 인정을 받기 위해서가 아니었다. 그것이 '해야 하는 옳은 일'이기 때문이었다.

비비시(BBC)에서 시리즈로 제작하고 그 시리즈에서 나온 책은 이 문구를 영국에 적용한다.

이 책 지면에 등장하는 사람 중에 몇 사람이 다른 사람들보다 더 유명하기는 하지만, 대다수는 가장 힘겨운 시대를 겪어 냈고, 그런 시대에 반응했다는 특별함을 가지고 있다. 이들은 대략 1915년과 1925년 사이에 태어난 세대에 해당하는데, 많은 일을 견뎠고 많은 일을 겪었고 오늘날 우리가 아는 세계의 상당 부분을 건설했다.[2]

어머니는 버밍엄에서 대공습을 겪으셨고 아버지를 간호하셨다. 외할아버지는 제1차 세계대전 때 유산탄 상처를 입으셨다. 어머니는 소형 화물차를 운전하면서 어린 동생들을 보살피셨다. 점차 색이 바래는 옛 사진을 보면 어머니는 늘 미소 짓고 계시는데, 그 미소가 그 시대의 심각성과 괴로움을 가렸다.

열 살일 때 나는 제2차 세계대전을 다루는 학교 과제를 해야 했다. 나는 어머니를 인터뷰하면서 내게 들려주시는 사연에 몹시 놀랐다. 그 당시에 어머니는 독실한 사람이 아니었고, 우리 가족 전부는 교회와 아무 접점이 없었다. 그런데 내가 버밍엄 남부의 우리 집에서 몇 집 건너에 있는 작은 교회의 주중 동아리 모임에 다니기 시작했다. 내 관심은 폭탄이 떨어져서 어릴 때부터 있던 건물이 무너졌을 때 사람들이 어떻게 반응했는지에 있었다.

"엄마, 무서우셨어요?"

"응. 매일. 폭격기가 몰려온 밤에 특히 무서웠어. 아침을 볼 수 있을지 없을지 아무도 몰랐지. 우리 부모님은 누가 폭격을 당했는지 낮은 소리로 말씀하시곤 했어. 내가 들을 수 없으리라고 생각하셨겠지만,

실은 다 들렸어."

"기도하셨어요?"

그 순간 어머니는 그 말이 지금껏 들은 말 중에 제일 웃긴 말인 듯이 나를 못 믿겠다는 듯한 표정으로 바라보셨다.

"당연히 기도했지! 한 번도 교회에 간 적이 없지만, 나는 밤마다 기도했고 아침마다 내가 아직 살아 있다는 것에 하나님께 감사했어! 나는 누군가가 나를 보살피고 계신다고 확신했어."

우리의 유전자 본체(DNA) 속에는 우리가 극단적 상황에 있을 때 하나님을 향해 손을 내밀게 하는 무언가가 새겨져 있다. 이처럼 어려운 시절에 하나님이 지켜보시는 느낌을 받은 경험을 내게 이야기해 준 사람들이 많다. 어떤 이들은 그런 느낌을 약함이나 미신이라고 부를지도 모르겠다. 우리 어머니는 강하면서도 무척이나 현실적인 분이었다. 어머니가 보시기에는 다른 아무에게도 손 내밀 수 없다면 하나님께 손을 내미는 것이 논리적이고 실제적이었다. 하나님은 의지할 목발이라기보다는 생명 전체 유지 장치이시다. 우리는 불확실하고 모호한 삶의 한가운데 있으므로 단단히 디딜 땅이 절실히 필요하다. 그리고 우리는 알고 있다. 하나님이 없다면 우리 인생에는 계획도 목적도 없으며, 우주는 냉담하고, 인생은 잔혹한 비극이다.

지금껏 우리는 인도하심이 단순히 결정을 잘 내리는 것 이상임을 살펴보았다. 우리가 내리는 선택은 하나님과 우리의 관계에서 흘러나온다. 우리의 선택은 그 관계를 시험하며, 또 하나님이 우리를 하나님의 아들을 닮은 모습으로 변화시키시는 주된 방법이다. 그 선택을 통해 우리는 하나님을 신뢰하는 법을 배우고, 성경에 대한 감사와 그리스도인 형제자매들을 향한 감사가 커진다. 지혜 안에서 하나님은 나중에 생각해 보면 우리가 다르게 내릴 수도 있었을 결정을 내리는 것을 허용하신다. 그러한 결정을 내리는 일이 일어날 때, 우리가 '실수'를 통해서 배우는 것이 많다. 하나님은 우리가 원할지도 모르는 상세한 청사진은 보여 주지 않으셨지만 우리가 의지할 수 있는 약속은 해 주셨다.

그리고 무엇보다도 우리는 하나님이 우리가 가는 길을 살피시며, 우리를 안전하게 본향으로 인도하신다는 것을 확신할 수 있다. 바로 이것이 시편 121편의 주제다.

하나님은 나의 힘, 결코 실패하시지 않는다

시편 121편에서 노래하는 하나님은 순례하는 백성을 살피시는 분이다. 이 시편은 어느 순례자가 예루살렘 성전에서 하나님을 예배하기 위해 가는 길에 노상강도가 출몰하는 지역을 통과하면서 여행할 때 겪은 일을 묘사한다(시편 120-132편은 '성전에 올라가는 노래'라는 표제가 붙은 시편이다-역주).

이 시편은 짧은 4연(stanza)으로 구성되어 있으며, 믿음을 일깨우고 신뢰를 깊어지게 하도록, 그래서 우리가 두려움 없이 결정을 내리게 하도록 작성되었다. 우리를 보살피시는 하나님을 우리는 신뢰할 수 있다.

시편 시인은 질문 하나와 대답 하나로 시작한다.

내가 산을 향하여 눈을 들리라 나의 도움이 어디서 올까 나의 도움은 천지를 지으신 여호와에게서로다(시 121:1-2).

산은 순례자가 예루살렘을 향해 가는 길의 특징이다. 길고 피곤하고 위험한 여정이다. 아마 산은 하나님의 신뢰성과 변치 않는 성품을 떠오르게 하는 상징일 것이다. 파란만장한 삶이 끝날 무렵 다윗은 하나님을 다음과 같이 묘사한다.

주님은 나의 반석, 나의 요새, 나를 건지시는 분, 나의 하나님은 내가 피할 바위, 나의 방패, 나의 구원의 뿔, 나의 산성이십니다(시 18:2, 새번역).

바로 이러한 하나님을 시편 121편의 순례자가 마음에 품고 있을 것이다. 그러나 내 생각에는 이 순례자가 산을 위험과 불길한 예감의 표시로 보았을 가능성이 더 큰 듯하다. 노상강도와 들짐승이 으슥한 곳에 숨어 기다리며 순례자의 여행을 위협했다. 바로 이런 이유로 순례자는 대체로 무리를 지어서 이동했고, 자기들을 지킬 경호원을 고용했다. 하지만 이렇게 경계하면 충분한가? 바로 여기에서 "나의 도움이 어디서 올까" 하는 시인의 질문이 나온다.

천국으로 가는 여행에서 우리는 곳곳에서 시련을 만난다. 우리가 결정을 하지만, 거기에서 누가 우리를 보호하고 보살피겠는가? 누가 우리를 안전하게 지켜 줄 것인가? 길이 고되고 멀어 보일 때 우리는 누구에게 의지할 수 있는가? 솔직하게 말하자면, 상황이 우리를 꼼짝 못 하게 하는 것으로 보일 때가 있고, 인생이 한낱 꿈과 같다고, 생생하지만 덧없다고 느껴질 때가 있다. 우리는 곧 꺼질 촛불과 같거나 걸어 다니는 그림자와 같다.³⁾ 내 결정이 정말로 중요한가? 내가 길을 잘못 들어서면 어떻게 되는가?

시편 시인은 분명하게 답을 제시한다.

나의 도움은 천지를 지으신 여호와에게서로다(시 121:2).

우리는 자기 자신과 자기 힘에 의지할 수 없다. 물고기에게 물이 필요하듯이, 우리 허파에 산소가 필요하듯이 우리에게는 하나님이 필요하다. 시편 시인은 하나님을 능력이 무한하신 동시에 친밀하게 인격적인 분으로 묘사한다.

한편에서 보면, 하나님은 천지를 지으신 분이다. 산도 그 창조주 하나님에 비하면 작아 보인다. 존재하는 만물의 근원이 하나님이시고 만물이 그분 덕분에 계속 존재한다. 산과 바다, 거대한 미국삼나무와 코뿔소, 에베레스트산과 에버글레이즈 습지, 호주의 대산호초(그레이트 배리어 리프)와 마터호른산, 은하수와 미생물, 고릴라와 금붕어, 아원자 입자와 회전하는 은하가 모두 그렇다. 모든 것이 존재하도록 하나님이 붙드신다. 다음에 숨이 멎을 정도로 아름다운 자연 다큐멘터리를 볼 때, 해설을 끄고서 배경 음악으로 '주 하나님 지으신 모든 세계'(How Great Thou Art)를 틀어 놓아 보라.

하나님의 능력이라는 말은 우리가 맞닥뜨리는 어떠한 일도 그분께는 너무나 벅차지 않을 것이며, 어떤 면에서든 그분은 당혹해하시거나 난처해하시지 않을 것이라는 뜻이다. 적당한 자원을 의식적으로 소유하는 것이 평화라면, 하나님은 그 평화의 원천이시다. 그분의 자원은 무한하기 때문이다.

그러나 다른 편에서 보면, 하나님은 친밀하게 인격적이시다. 그분은 자기 이름을 자기 백성에게 밝히신 여호와이시다. 시편 시인은 자기가 하나님의 이름을 알기 때문에 도움이 확실하다는 것을 알았다. 그 이름 '여호와'는 하나님의 언약적 이름이다. 이는 불타는 떨기나무에서 계시된 이름이다(출 3:13-14). 하나님이 우리에게 그분의 이름을 말씀해 주실 때 그분 자신을 우리에게 주시는 것이다. 영원히 우리는 하나님의 소유이고, 하나님은 우리의 소유다. 따라서 하나님의 이름을 안다는 것은 하나님을 알고 하나님이 우리에게 약속하신 것을 확신한다는 것이다.

> 여호와는 압제를 당하는 자의 요새이시요 환난 때의 요새이시로다
> 여호와여 주의 이름을 아는 자는 주를 의지하오리니 이는 주를 찾는
> 자들을 버리지 아니하심이니이다(시 9:9-10).

그리스도가 오시면서 궁극적인 존재(하나님)가 친밀하게 되셨으며, 그

리스도에 대한 지식을 통해 하나님에 대한 우리의 지식이 더 깊어졌다. 우리는 그분의 이름을 부르며 요청할 수 있고 그분이 들으시리라는 것을 안다.

이러한 지식이 인도하심에 어떻게 적용되는지 생각해 보라. 우리가 느낄 수 있는 모든 불안이 그 지식 덕분에 사라진다. 하나님의 자원은 무궁무진하다. 우리에게 필요한 것 일체가 그분 안에 있음을 알기에 우리는 믿음으로 걸음을 떼어 놓는다. 그러나 우리는 그분을 신뢰하기도 하는데, 그분이 아무 조건 없이 우리에게 헌신하겠노라 약속하셨기 때문이다. 하나님은 약속한 것을 절대로 어기지 않으신다.

내가 실수를 저지르면 어떻게 하는가? 인도하심을 잘못 이해하면? 하나님이 우리가 내리는 모든 결정에 (나쁜 결정에도) 영향을 미치셔서 우리를 그리스도를 닮은 모습으로 만드신다는 것을 우리는 믿을 수 있다. 그분은 토기장이이시고 우리는 진흙이다. 인생의 시련도 토기장이의 손안에 있다.

이것이 무책임한 결정을 내린 것에 대한 변명은 되지 않는다. 우리는 그와 같은 결정이 초래한 고통스러운 결과를 감수하며 살아야 한다. 이 말은 그래도 어떠한 상황에서든 나는 하나님이 만물을 내 유익을 위해 관장하신다는 것을 믿을 수 있다는 뜻이다. 내가 무책임하게 행동한다고 해서 내가 하나님의 사랑에서 끊기지는 않을 것이다.

하이델베르크 교리문답 제1문은 "살아서나 죽어서나 당신의 유일한 위로는 무엇인가"이다. 제1문의 답은 우리가 인생의 모든 영고성쇠를 확신하게 한다.

나는 내 것이 아니라 살아서나 죽어서나 몸과 영혼이 내 신실하신 구주 예수 그리스도의 것이다. 예수 그리스도께서는 귀한 피를 흘려서 내 모든 죄의 대가를 완전히 치르셨고, 나를 마귀의 모든 권세에서 구속하셨다. 그렇게 나를 보호하시니 하늘에 계신 내 아버지의 뜻이 아니면 머리카락 한 올도 내 머리에서 떨어질 수가 없고, 실로 만물이 내 구원을 위해 반드시 합력한다. 그런 까닭에 그분의 성령으로 하나님은 내게 영원한 생명을 보장해 주시고, 지금부터 내가 진심으로 기꺼이 그리고 즉시 그분을 위해 살아가게 하신다.[4]

하나님은 나의 도우심, 결코 주무시지 않는다

순례자는 첫째 연에서 표현한 위대한 진리를 시편 121편의 나머지 부분에 적용한다.

> 여호와께서 너를 실족하지 아니하게 하시며 너를 지키시는 이가 졸지 아니하시리로다 이스라엘을 지키시는 이는 졸지도 아니하시고 주무시지도 아니하시리로다(시 121:3-4).

그 여행길에는 어둡고 힘든 곳이 있고 미끄러지고 넘어지기 쉬운 곳이 있다. 삶도 마찬가지다. 신체적 고난, 감정적 고난, 관계적 고난, 재정적 고난 등 고난은 형태가 가지가지다. 고난에 필요한 조건은 오래 사는 것뿐이다.

누가 불침번을 서는가? 시편 시인은 여호와께서 자기를 지키신다는 것을 알기에 베개에 머리를 누인다. 우리는 이 시편을 우리가 하나님을 우러러보는 내용이라고 생각하지만, 사실은 우리를 굽어살피시는 하나님에 관한 시편이다. 이 구절이 다섯 번 반복된다. "너를 지키시는 이가 졸지 아니하시리로다"(3절), "이스라엘을 지키시는 이"(4절), "여호와는 너를 지키시는 이"(5절), "여호와께서 너를 지켜"(7절), "여호와께서 너의 출입을… 지키시리로다"(8절).

여기에서 "지키다"로 번역한 히브리어 동사에 담긴 개념은 보초를 서는 것, 돌보아 주는 것, 안전과 보호와 피난처다. 다른 데서는 망대를 지칭하는 데 쓰인다. 순례자 무리는 자기를 지키기 위해 중무장한 경호원을 고용하곤 했다. 여호와가 자기 백성의 경호원이시다. 잠자는 사람이 불안한 꿈에 시달릴 때, 잠에서 깨어나 경호원이 보초를 서고 있는 것을 보면 아무 일 없다는 것을 안다.

인간에게는 먹을 것과 마실 것과 산소만큼이나 잠도 필요하다. 잘 때 우리는 취약한 상태다. 우리가 어리석게 으스대지만, 천하무적이 아님을 날마다 생각하게 되는 것이다. 그러나 하나님은 절대 주무시지 않는다. 언제나 주의를 기울이시며 언제나 깨어 계신다. 하나님은 보초를 서는 불면의 파수꾼이시다.

1736년 1월 25일, 존 웨슬리(John Wesley)가 대서양을 건너고 있었다. 배에 함께 탄 사람 중에 독일인 모라비아형제단(Moravian Brethren)이 있었다. 웨슬리는 이들의 경건함과 순전한 믿음에 깊이 감명받았다. 웨슬리가 예배하려고 이들에게 합류했는데, 시편 찬송을 하는 중에

폭풍이 심하게 몰아치기 시작했다. 웨슬리는 일기에 이렇게 적었다.

> 영국인들 사이에서 끔찍한 비명이 터져 나오기 시작했다. 독일인들은 차분하게 찬양을 계속했다. 나중에 그중 한 사람에게 물어보았다. "무섭지 않았습니까?" 그 사람은 "하나님께 감사하게도 전혀 무섭지 않았습니다."라고 대답했다. 나는 물었다. "하지만 당신네 여자들과 아이들은 무서워하지 않았나요?" 그 사람이 대답했다. "아니요. 우리 여자들과 아이들도 죽는 것을 두려워하지 않았습니다."[5]

다윗은 이렇게 하나님 안에서 자신만만하게 안식을 누리는 정신을 시편 3편에서 정확히 포착한다.

> 여호와여 주는 나의 방패시요 나의 영광이시요 나의 머리를 드시는 자이시니이다 내가 나의 목소리로 여호와께 부르짖으니 그의 성산에서 응답하시는도다 내가 누워 자고 깨었으니 여호와께서 나를 붙드심이로다 천만인이 나를 에워싸 진 친다 하여도 나는 두려워하지 아니하리이다(시 3:3-6).

우리가 잘 수 있는 이유는 하나님이 주무시지 않기 때문이다! 하나님과 우리가 모두 계속 깨어 있어 봐야 아무 의미가 없다!

하나님은 나의 그늘, 결코 떠나시지 않는다

그다음 연에서 시인은 하나님에 대한 이러한 신뢰를 구축한다.

여호와는 너를 지키시는 이시라 여호와께서 네 오른쪽에서 네 그늘이 되시나니 낮의 해가 너를 상하게 하지 아니하며 밤의 달도 너를 해치지 아니하리로다(시 121:5-6).

시인은 우리가 여행길에서 만날 수 있는 위험을 재차 분명히 밝힌다. 해가 우리를 상하게 할 수 있다는 것은 아주 분명하다. 뜨거운 사막에서 그늘을 찾지 못하면 일사병에 걸릴 위험이 있다. 심부 체온이 섭씨 40도를 넘어가면 생명이 위험하다. 그러면 탈수, 편두통, 착란, 방향 감각 상실, 의식 불명, 사망을 겪을 수도 있다.

그러면 달에 대해서도 보호받아야 하는 이유는 무엇인가? 고대인들은 흔히 달을 보면 정신 이상이나 광기를 연상했다. 사람은 '발광할'(moonstruck) 수 있다. 이 말은 아마 이것을 언급하는 것일 수도 있고, 아니면 시인이 우리가 밤에는 가장 취약하다는 사실을 넌지시 말하는 것일 수도 있다. 순례자는 모닥불의 아늑한 불빛 바로 뒤에 있는 것을 두려워한다. 밤 동안에는 두더지 굴이 산으로 보이기 마련이다.

합쳐서 생각해 보면, 이는 우리가 여행길에서 밤낮으로 위험과 맞닥뜨린다는 것을 생각나게 한다. 다시 말해, 우리는 피할 데가 없다. 시련은 낮이건 밤이건 언제나 우리를 해칠 수 있다. '해치다'라는 단어를 '강타하다', '두드려 대다', '때리다'로 번역할 수도 있다. 시련은 극도로 고통스럽고 사람을 쇠약하게 할 수 있다.

그러나 이러한 상황에 하나님이 바짝 붙어 계신다. 하나님이 마련해 주시는 그늘에 대한 언급은 그분이 우리 곁에 계신다는 것을 생각나게 한다. 우리가 하나님을 못 볼 수도 있고 하나님의 임재를 느끼지 못할 수도 있지만, 그래도 그분의 그늘에 있다. 그분의 그늘은 상하지 않도록 보호해 주는 곳이다. 그분이 가까이 계심을 생각나게 하는 것이기도 하다. 좀 떨어져 있다면 그늘을 만들 수 없고, 멀리 있다면 그림자를 드리울 수 없다.

어느 성탄절에 내 아들이 천식 발작으로 병원에 입원했다. 자그마한 세 살배기가 매번 숨 쉬려고 몸부림을 쳐야 한다는 것은 끔찍한 일이다. 아들이 흡입 치료를 받으며 누워 있는 침대 옆에 의료진이 간이 침대를 놓았다. 아내가 밤새도록 잠을 못 자면서 아들을 지켜보았다. 아들은 잠에서 깰 때마다 엄마의 미소를 보았고 달래며 안심시키는 말을 들었다. 엄마가 가까이 있었다.

그리고 하나님은 늘 자기 백성 가까이에 계신다. 이사야의 말을 들어 보자.

네가 물 가운데로 지날 때에 내가 너와 함께할 것이라 강을 건널 때에 물이 너를 침몰하지 못할 것이며 네가 불 가운데로 지날 때에 타지도 아니할 것이요 불꽃이 너를 사르지도 못하리니 (사 43:2).

하나님의 백성은 하나님께 속한다. 하나님이 그들을 창조하시고 모양을 만드셨으며, 그들을 구속하시고 부르셨다. 그러하기에 하나님은 "너는 내 것이라"라고 말씀하실 수 있다. 그래서 어느 결정이든 다 우리가 속한 그분을 향해야 한다. 중요한 것은 하나님의 선하신 기쁨이지 우리의 기쁨이 아니다. 이는 우리를 하나님이 책임지신다는 뜻이기도 하다. 우리는 하나님의 귀중한 소유이며, 우리가 설령 지혜롭지 못한 결정을 내리더라도 하나님이 우리를 보호하시고 우리를 놓아주지 않으신다.

시편 시인과 마찬가지로 하나님은 우리가 만나는 위험한 일, 이를테면 거센 파도, 급류가 흐르는 강, 이글거리는 불길 등에 대해 현실을 직시하신다. 그렇지만 임재와 보호를 약속하신다. 그분의 그늘이 언제나 우리 위에 드리울 것이다.

하나님은 나의 구원자, 결코 중단하시지 않는다

마지막 연에서 시인은 하나님이 영원히 임재하시며 지켜 주신다는 진리를 찬양한다.

> 여호와께서 너를 지켜 모든 환난을 면하게 하시며 또 네 영혼을 지키시리로다 여호와께서 너의 출입을 지금부터 영원까지 지키시리로다(시 121:7-8).

해를 입지 않도록 지켜 주신다고 해서 고통이 하나도 없다는 말은 아니다. 우리는 여전히 실수하고 그 고통스러운 결과를 안고 살아야 한다. 그런 문제를 하나님이 없애 주시지는 않지만, 우리를 그분의 은혜로 꽉 붙잡으신다. 우리를 풀무에서 꺼내 주시지는 않지만, 그 불길 한가운데 우리와 함께 계신다. 쉬운 길을 약속하시지는 않지만, 안전한 도착을 약속하신다.

우리가 내리는 결정이 세상의 지혜로 보기에는 아무리 형편없더라도, 또는 우리 인생에 해를 입힐 가능성이 아무리 보이더라도 그 결정에 예수님이 우리와 함께 계신다. 그 약속이 반드시 신체상의 구원 약속은 아니다. 요셉은 감옥에 갇혔고, 나봇과 스데반은 돌에 맞아 죽었다. 다들 하나님을 영광스럽게 하는 결정을 했기 때문이었다(창 39:6-20; 왕상 21:1-16; 행 7:51-60). 예수님은 우리에게 십자가의 길을 가라고 명하신다.

> 세상이 너희를 미워하면 너희보다 먼저 나를 미워한 줄을 알라 너희가 세상에 속하였으면 세상이 자기의 것을 사랑할 것이나 너희는 세상에 속한 자가 아니요 도리어 내가 너희를 세상에서 택하였기 때문에 세상이 너희를 미워하느니라 내가 너희에게 종이 주인보다 더 크지 못하다 한 말을 기억하라 사람들이 나를 박해하였은즉 너희도 박해할 것이요 내 말을 지켰은즉 너희 말도 지킬 것이라 그러나 사람들이 내 이름으로 말미암아 이 모든 일을 너희에게 하리니 이는 나를 보내신 이를 알지 못함이라(요 15:18-21).

성경은 고통에서 보호해 주겠다고 약속하지는 않지만, 우리의 여생 내내 이 여정의 끝에 안전하게 도착할 때까지 하나님이 우리를 계속 지켜 주신다는 것을 진정 약속한다. 아침에 출근하느라 나갈 때와 밤에 집에 돌아올 때도 하나님은 결코 눈을 떼지 않으신다. 우리를 지금도, 그리고 영원히 지켜보신다.

지금 나는 손주가 여덟 명이 있다. 나는 매일 아침 기도로 그 아이들을 보살핀다. 손주들을 위해서 기도하지 않고 지나가는 날이 하루도 없다. 나는 남은 평생 그 아이들을 위해서 계속 기도하고자 한다. 하지만 언젠가는 내가 기도하는 시절이 끝날 것이다. 그러면 누가 그 아이들을 위해 기도할까? 하나님이 지켜보기를 절대 중단하시지 않는다는 것이 그 대답이며, 하나님은 우리의 순례가 끝날 때까지 우리를 지켜 주겠다고 약속하신다. 우리가 죽음의 그늘이 드리운 골짜기로 다닐지라도 주의 지팡이와 막대기가 우리를 인도하고 주께서 우리와 동행하시니 해를 두려워할 필요가 없다(시 23:4).

그리스도인은 어떤 사람인가? 그리스도인은 도덕적으로 완벽하거나 종교 지향적이거나 영적인 성향이 있거나 영적으로 민감한 사람이 아니다. 자기가 작고 죄가 있으며 어리석다는 것을 알지만, 그래도 예수님을 바라보는 사람이다. 그리스도인은 예수님 품에 자기 자신을 던졌다. 자신의 모든 희망과 꿈, 모든 결정과 결심을 예수님께 복종시키고, 오로지 예수님을 기쁘시게 하는 것만 바란다.

바로 이러한 정신으로 우리가 인도하심을 구한다. 바로 이러한 정신으로 우리가 결정을 내린다.

생각하기

1. "우리의 유전자 본체(DNA) 속에는 우리가 극단적 상황에 있을 때 하나님을 향해 손을 내밀게 하는 무언가가 새겨져 있다." 이 말이 옳다고 생각하는가? 이것이 우리가 복음을 사람들에게 말할 때 어떻게 도와주는가?

2. 하나님은 능력이 무한하신 동시에 친밀하게 인격적이시라는 사실이 우리가 지혜로운 결정을 내릴 때 어떻게 도와주는가?

3. 하이델베르크 교리문답 제1문에 대한 답을 보라. 이 답이 우리가 어려운 결정과 맞닥뜨릴 때 우리를 어떻게 도와주는가?

4. 시편 3편과 4편을 읽으라. 이 두 시편은 하나님의 보호하심과 돌보심에 대해 무엇을 가르쳐 주는가?

5. "하나님의 백성은 하나님께 속한다. 하나님이 그들을 창조하시고 모양을 만드셨으며, 그들을 구속하시고 부르셨다. 그러하기에 하나님은 '너는 내 것이라'고 말씀하실 수 있다. 우리는 언약적 관계에 있다." 이 사실이 우리가 살아가는 방식에 어떻게 영향을 미쳐야 하는가?

Invest
Your
Future

맺는 글

이 거친 땅의 순례자

장인어른은 지금껏 내가 아는 사람 중에 가장 경건한 분이었다. 내가 구원받은 교회의 장로이기도 하셨다. 나는 에드리와 결혼하면서 장인어른을 알아 가게 되었다. 내가 어느 날 새벽 5시에 아버님의 침실을 지나가다가 소리가 들려서 문틈을 들여다보니, 이 80대 어르신이 무릎을 꿇고 열렬히 기도 중이셨다. 그러고서 얼마 지나지 않아 아버님은 집에서 가까운 어느 교회를 개척하는 데 중요한 역할을 하셨다.

장인어른은 인도하심에 관해서 F. B. 마이어(F. B. Meyer)의 견해를 따르셨다. "일상의 상황을 보면 하나님의 뜻이 절대적으로 확실하게 나타나며, 그때는 내면에서 성령님이 말씀해 주시는 것과 하나님 말씀이 그 상황과 합치한다."[1]

장인어른에게 조언을 구할 때마다 언제나 훌륭한 조언을 들었다.

장인어른은 상황과 내적 평화에 대해 지혜롭게 말씀하시고서는 이렇게 물으시곤 했다. "하나님이 자네에게 성경 구절을 주셨는가?"

아버님은 신앙이 보수적인 분이고, 매일 묵상을 할 때 하나님이 말씀해 주시기를 기대하신다. 갈 길을 분명하게 알려 주는 것으로 보이는 말씀을 기대하신다는 뜻이다. 그래서 만일 집을 옮길 생각 중이라면, "너희는 그곳에 집을 짓고 정착하여라"(렘 29:5, 새번역)와 같은 성경 구절을 받을 것을 예상하곤 하셨다.

솔직히 나는 이런 식으로 특별하게 확신을 주는 인도하심을 발견한 적이 한 번도 없지만, 그렇다고 해서 장인어른에 대한 존경심이 깎이지는 않았다. 장인어른에게 하나님을 사랑한다는 것은 성경의 분명한 가르침을 거스르는 길은 한 번도 선택하려고 하지 않았다는 뜻이었다.

내가 도달한 결론에 의하면, 하나님은 그분의 은혜 안에서 각 사람의 개성과 성격 특성에 맞춰 주시는 경우가 많다. 우리는 끝까지 하나님을 신뢰할 수 있다. 저 멀리 지평선은 볼 수 없을지 몰라도, 우리의 궁극적 운명은 확신할 수 있다. 우리는 다윗과 함께 노래할 수 있다.

내 평생에 선하심과 인자하심이 반드시 나를 따르리니 내가 여호와의 집에 영원히 살리로다(시 23:6).

그 길이 험할 수도 있고, 고의적인 죄와 오판과 흠 있는 결정이 길에 널려 있을 수도 있다. 그러나 하나님이 우리를 집으로 인도하실 테고, 가는 중에 우리는 인도자를 알게 되고 그분의 한결같은 신실하심에 의지하게 될 것이다. 하나님은 우리를 험한 길로 인도하셔서 그분과 무수한 친밀한 말과 행동을 나누면서 그 길이 우리에게 영원히 기억되게 하실 수도 있다.

장인어른은 삶의 마지막 몇 시간 동안 의식이 간간이 돌아왔다. 우리가 특별히 음악에 재능이 있는 가족은 아니지만, 아버님의 침상 곁에 모여서 노래를 불러 드렸다. 아버님은 부모님이 웨일스 대부흥운동(Welsh Revival) 때 구원을 받으셨기에, 자신이 웨일스에 뿌리를 두고 있는 것을 자랑으로 여기셨다. 그래서 우리는 윌리엄 윌리엄즈(William Williams, 웨일스 출신의 찬송가 작사가—역주)의 훌륭한 가사가 담긴 찬송을 불렀다.

나의 크신 구속자시여,
이 거친 땅 거쳐 순례하는 나를 인도하소서.
나는 연약하나 주님은 전능하시나이다.
나를 주님의 능력 있는 손으로 잡아 주소서.
하늘 떡을, 하늘 떡을
지금, 또 영원히 먹여 주소서.
지금, 또 영원히 먹여 주소서.

수정 같은 샘물 지금 터지게 하소서.
거기서 치유하는 물 흘러나오나이다.
불기둥과 구름 기둥

순례길 내내 나를 인도하게 하소서.
강한 구원자시여, 강한 구원자시여,
영원히 내 힘과 방패 되소서.
영원히 내 힘과 방패 되소서.

요단강 강가에 발을 디딜 때,
내 불안한 두려움 가라앉게 하소서.
사망 사라지고, 지옥 없는
저편 가나안에 안전하게 닿게 하소서.
찬양의 노래를, 찬양의 노래를
주님께 영원히 드리리라.
주님께 영원히 드리리라.[2]

아버님은 장수하시면서 열매 있는 삶을 사시는 내내 자신의 인도자이신 분을 신뢰하셨다. 자신을 거친 땅에 있는 순례자로 생각하셨고, 자신의 약함을 아셨다. 그러나 그 인도자께서 베푸시는 풍성한 양식도 아셨다.

아버님은 자신의 강한 구원자이신 분과 동행하셨고, 그분이 치유의 물이 흐르는 강으로 이끄실 때 인도하시는 손길을 느끼셨다.

생명이 끝나기 바로 직전, 요단강 가장자리에 발을 디디실 때도 아버님은 자기 목자께서 자기를 본향으로 인도하심을 믿으셨다.

아버님의 목자께서는 아버님을 실망하게 하지 않으셨다.

주

시작하는 글 네 길을 지도하시리라

1) Matt Perman, 'Was William Carey Being Biblical When He Said "Expect Great Things from God"?', 21 February 2011, 〈mattperman.com/2011/02/was-william-carey-being-biblical-when-he-said-expect-great-things-from-god〉.
2) J. I. Packer, *Knowing God*, 3rd edition (London: Hodder & Stoughton, 2005), 31. 『하나님을 아는 지식』(한국 IVP, 2008).
3) George Macdonald, *Annals of a Quiet Neighbourhood* (London: Wentworth Press, 2019), 206.

01 인도하심에 대한 오해

1) Steve Tamayo, 'Understanding & Growing in Wisdom', InterVarsity, 6 December 2019: 〈intervarsity.org/blog/understanding-growing-wisdom〉.
2) 구약의 십계명(출 20:1-17)이나 신약의 산상설교(마 5:1-7:29)가 하나님의 계시된 뜻 또는 하나님이 바라시는 뜻의 실례가 될 것이다.
3) Gerald Sittser, *The Will of God as a Way of Life: Finding and Following the Will*

of God (Grand Rapids: Zondervan, 2000), 17. 『하나님의 뜻』(성서유니온선교회, 2020).
4) J. I. Packer, *Knowing God,* 3rd edition (London: Hodder & Stoughton, 2005), 115-116. 『하나님을 아는 지식』(한국 IVP, 2008).

02 하나님께 귀 기울이기

1) 'John Newton on Divine Guidance', in J. I. Packer and Carolyn Nystrom, *Guard Us, Guide Us: Divine Leading in Life's Decisions* (Grand Rapids: Baker, 2008), 246. 『제임스 패커의 하나님의 인도』(생명의말씀사, 2008).
2) Nigel Beynon and Andrew Sach, *Dig Deeper: Tools to Unearth the Bible's Treasure* (Wheaton: Crossway, 2010)를 보라.
3) John Stott, *The Contemporary Christian* (London: IVP, 1992), 130. 『시대를 사는 그리스도인 시리즈 세트』(한국 IVP, 2021).
4) Gerald Sittser, *The Will of God as a Way of Life: Finding and Following the Will of God* (Grand Rapids: Zondervan, 2000), 28. 『하나님의 뜻』(성서유니온선교회, 2020).

03 성령님께 이끌려

1) Lois Neely, *Come up to This Mountain* (Wheaton: Tyndale, 1980), 65.
2) Simon Browne, 'Come, gracious Spirit, heavenly Dove' (1720).
3) J. I. Packer, *Your Father Loves You: Daily Insights for Knowing God* (Wheaton: Harold Shaw Publishers, 1986), 1 February.
4) 나는 이 경험을 *Invest your Suffering: Unexpected Intimacy with a Loving God* (London: IVP, 2013)에 썼다.
5) John R. W. Stott, *The Message of Ephesians,* The Bible Speaks Today (London: IVP, 1984), 67. 『에베소서』(한국 IVP, 2021).

04 하나님께 아뢰기

1) Garry Friesen과 J. Robin Maxson이 공저한 *Decision Making and the Will of God* (Colorado Springs: Multnomah Press, 1980), 62에서 인용.
2) Jonathan Edwards, *Basic Writings* (New York: New American Library, 1966), 142.

05 지혜 찾기

1) 'June Daily Devotion: Week 4', The Billy Graham Library, 24 June 2018: ⟨billygrahamlibrary.org/blog-june-daily-devotional-week-4⟩.
2) James C. Petty, *Step by Step: Divine Guidance for Ordinary Christians* (Phillipsburg: P and R Publishing, 1999), 144.『스텝 바이 스텝』(디모데, 2007).
3) 잠 4:14-19; 12:26; 13:20; 14:7; 16:19; 18:24; 19:4, 6-7; 22:24-25; 29:3.
4) 예를 들어, www.simplyapreacher.com.

06 이렇게 하면 어떨까?

1) 8장을 보라.
2) 행 14:27; 고전 16:8-9; 고후 2:12-13; 골 4:3; 계 3:8.
3) R. T. Kendall, *Jonah: An Exposition* (London: Hodder & Stoughton, 1978), 29.
4) ⟨philosiblog.com/2013/08/15⟩.
5) Gerald Sittser, *The Will of God as a Way of Life: Finding and Following the Will of God* (Grand Rapids: Zondervan, 2000), 28.『하나님의 뜻』(성서유니온선교회, 2020).

07 종합하기

1) Frances Ridley Havergal의 찬송시 'Take my life' (1874)에서 인용. (새찬송가 213장 '나의 생명 드리니'-역주).
2) D. Martyn Lloyd-Jones, *The Christian Warfare: An Exposition of Ephesians 6:10 to 13* (Edinburgh: Banner of Truth Trust, 1976), 114.『영적 투쟁』(CLC, 1990).
3) Kevin DeYoung, *Just Do Something: How to Make a Decision without Dreams, Visions, Fleeces, Open Doors, Random Bible Verses, Casting Lots, Liver Shivers, Writing in the Sky, etc* (Chicago: Moody Publishers, 2009).
4) Tim Challies, *The Discipline of Spiritual Discernment* (Wheaton: Crossway, 2007), 116.『영적 도약을 위한 준비』(미션월드, 2009).

08 영적 정착지 찾기_ 교회
1) John C. Maxwell이 말했다고들 한다. 출처 미상.

09 일하라, 쉬라, 놀라_ 직장
1) Mark Greene, *The Great Divide* (London: LICC, 2010), 4.

10 부부의 연을 맺을 것인가, 말 것인가?_ 결혼
1) '2019년 잉글랜드와 웨일스 이혼 통계', 영국 국립 통계청, 2020년 11월 17일, 〈https://www.ons.gov.uk/peoplepopulationandcommunity/birthsdeathsandmarriages/divorce/bulletins/divorcesinenglandandwales/2019#:~:text=1.-,Main%20points,of%20completed%20divorces%20in%202019〉.
2) Vaughan Roberts의 설교에서 인용.

11 우리의 인도자를 알기
1) James Paton (ed.), *John G. Paton, Missionary to the New Hebrides: An Autobiography* (Edinburgh: Banner of Truth, 1889, 1965), 56.
2) Paton (ed.), *John G. Paton*, 56.
3) Paton (ed.), *John G. Paton*, 79.
4) Paton (ed.), *John G. Paton*, 200.
5) Paton (ed.), *John G. Paton*, 200.
6) Packer, *Knowing God*, 3rd edition (London: Hodder & Stoughton, 2005), 31.『하나님을 아는 지식』(한국 IVP, 2008).
7) John Piper, 'Live for Your Greatest Desire', Desiring God, 23 February 2020: 〈www.desiringgod.org/messages/live-for-your-greatest-desire〉.
8) Augustine, *The Confessions of St Augustine* (London: Penguin, 2002), 21.『고백록』(CH북스, 2016).

12 우리의 인도자를 신뢰하기
1) Tom Brokaw, *The Greatest Generation* (New York: Random House, 1998).

2) Sue Elliott and Steve Humphries, *Britain's Greatest Generation: How Our Parents and Grandparents Made the Twentieth Century* (London: Random House, 2015), xi.
3) William Shakespeare, *Macbeth*, Act 5, scene 5, lines 19-28.
4) R. Scott Clark, 'What Is Your Only Comfort in Life and in Death?', The Heidelblog, 23 January 2021: ⟨heidelblog.net/2021/01/what-is-your-only-comfort-in-life-and-in-death⟩.
5) Robert Booth, 'John Wesley with the Moravians in a Storm', ⟨rwbooth.com/2016/01/25/john-wesley-with-the-moravians-in-a-storm⟩.

맺는 글 이 거친 땅의 순례자

1) F. B. Meyer, *The Secret of Guidance* (New York: Fleming H. Revell Co., 1896), 16.
2) William Williams (1717-1791), 'Guide me, O my great Redeemer'.

사명선언문

너희가 흠이 없고 순전하여……세상에서 그들 가운데 빛들로
나타내며 생명의 말씀을 밝혀 _ 빌 2:15-16

1. 생명을 담겠습니다
만드는 책에 주님 주신 생명을 담겠습니다.
그 책으로 복음을 선포하겠습니다.

2. 말씀을 밝히겠습니다
생명의 근본은 말씀입니다.
말씀을 밝혀 성도와 교회의 성장을 돕겠습니다.

3. 빛이 되겠습니다
시대와 영혼의 어두움을 밝혀 주님 앞으로 이끄는
빛이 되는 책을 만들겠습니다.

4. 순전히 행하겠습니다
책을 만들고 전하는 일과 경영하는 일에 부끄러움이 없는
정직함으로 행하겠습니다.

5. 끝까지 전파하겠습니다
모든 사람에게, 땅 끝까지, 주님 오시는 그날까지
복음을 전하는 사명을 다하겠습니다.

서점 안내

광화문점 서울시 종로구 새문안로 69 구세군회관 1층
02)737-2288 / 02)737-4623(F)

강남점 서울시 서초구 신반포로 177 반포쇼핑타운 3동 2층
02)595-1211 / 02)595-3549(F)

구로점 서울시 동작구 시흥대로 602, 3층 302호
02)858-8744 / 02)838-0653(F)

노원점 서울시 노원구 동일로 1366 삼봉빌딩 지하 1층
02)938-7979 / 02)3391-6169(F)

일산점 경기도 고양시 일산서구 중앙로 1391 레이크타운 지하 1층
031)916-8787 / 031)916-8788(F)

의정부점 경기도 의정부시 청사로47번길 12 성산타워 3층
031)845-0600 / 031)852-6930(F)

인터넷서점 www.lifebook.co.kr